Helma Kuchler

Meditation und Heilung

Helma Kuchler

Meditation und Heilung

Phantasiereisen

Trainerverlag

Imprint
Any brand names and product names mentioned in this book are subject to trademark, brand or patent protection and are trademarks or registered trademarks of their respective holders. The use of brand names, product names, common names, trade names, product descriptions etc. even without a particular marking in this work is in no way to be construed to mean that such names may be regarded as unrestricted in respect of trademark and brand protection legislation and could thus be used by anyone.

Cover image: www.ingimage.com

Publisher:
Der Trainerverlag
is a trademark of
Dodo Books Indian Ocean Ltd., member of the OmniScriptum S.R.L Publishing group
str. A.Russo 15, of. 61, Chisinau-2068, Republic of Moldova Europe
Printed at: see last page
ISBN: 978-620-0-77006-6

Inhaltsverzeichnis

Vorwort

Liebe Leserin, lieber Leser,

auf dem Weg zu mir, habe ich mich oft verlaufen...so singt Peter Maffay. Auch ich erfuhr in meinem Leben Schmerz, Trauer und auch Angst. Ich traf viele Menschen, die mir einige Wege aufzeigten, um wieder in meine Kraft, in meine Selbstachtung und in meine Selbstliebe zu kommen. Und so machte ich mich vor circa 25 Jahren auf den Weg zu mir. Ich habe für mich herausgefunden, dass das Meditieren ein ganz wichtiger Aspekt ist, um mich selber zu finden, gesund zu werden und zu bleiben.

Meditation bezeichnet Geistesübungen, die in verschiedenen Traditionen seit Jahrtausenden überliefert sind und seit dem 20. Jahrhundert zunehmend auch in der westlichen Welt praktiziert werden. Der Begriff Meditation stammt vom lateinischen „meditatio“ ab, was „nachdenken“ oder „nachsinnen“ bedeutet.

Geführte Meditationen, Phantasiereisen – innere Bilder, sowie in meinem Buch beschrieben, haben mir dabei geholfen, meinen Körper, meinen Geist und meine Seele zu heilen. Dadurch kann ich nun das „Hier und Jetzt“ bewusst erleben und annehmen was ist.

Ich wünsche Ihnen, liebe Leser und praktische Anwender, heilende Erkenntnisse mit meinen Meditationen.

Ihre Helma Kuchler

„HERR, schon früh am Morgen hörst du mein Rufen. In aller Frühe bringe ich meine Bitten vor dich und warte sehnsüchtig auf deine Antwort." (Psalm 5, Vers 4)

Danksagung

Danke schön an meinen Sohn Dominik und ein Dankeschön an Kerstin und Herbert für die Mitwirkung der Korrektur. Und ein Dankeschön an meine Klienten, sie geben mir immer wieder die Rückmeldung und Bestätigung, dass Meditationen und Phantasiereisen große Wirkung zeigen.

Meditation und Heilung

Auf dem Weg der Heilung können Phantasiereisen uns unterstützen. Veränderungen beginnen im Kopf! Unser Körper unser Geist und unsere Seele streben danach, auf allen Ebenen unseres Seins heil zu werden. Unser Körper und unsere Seele wissen, was es dazu braucht. In erster Linie findet Heilung in unseren Gedanken statt.

Wir Menschen sind ein Leben lang auf der Suche nach Heilung, nach etwas Glück und Zufriedenheit. Wenn wir einen Moment inne halten, dann werden wir erkennen, dass alles, was wir zum heil werden, gesund und glücklich sein brauchen, in uns steckt. Wir dürfen unsere Fähigkeiten und Eigenschaften, an die Oberfläche bringen und nutzen. Es ist oft nützlicher als zu grübeln und miese Laune zu haben, Situationen von einer anderen Seite zu betrachten.

Unser Leben könnte so schön und erfüllend sein, wenn wir es dem Leben nur gestatten und das erleben, was uns das Leben jetzt in diesem Augenblick schenkt. Es so annehmen wie es sich zeigt. Wir dürfen dabei beweglich bleiben. Unsere Gelenke, Muskeln und Sehnen zeigen sehr schnell, wenn wir in die falsche Richtung steuern. Steifheit, Unbeweglichkeit und Schmerzen sind dann nicht mehr weit.

Oft sind wir geneigt, etwas zu tun, nur weil andere es so wollen. Und dann klappt es nicht. Weil es nicht zu uns gehört? Wir beschäftigen uns nur zu oft mit Problemen und meinen, wenn diese aus der Welt sind, dann sind wir glücklicher und es geht uns besser. Wir machen unser Glück von der jeweiligen Situation abhängig. Dadurch denken wir, dass wir erst wieder gesund sind, wenn dies oder jenes eintrifft. Aber: Gesund und glücklich dürfen wir schon sein, wenn das erhoffte Ereignis noch nicht eingetroffen ist.

Wenden wir doch unsere Aufmerksamkeit dem Schönen zu. Dadurch lösen sich unsere Probleme leichter und ohne große Anstrengung. Mit einer positiven Einstellung können wir mehr erreichen.

Auch wir dürfen wieder lernen, um Hilfe zu bitten. Egal in welcher Lage wir uns befinden, es gibt immer wieder Hoffnung und einen Ausweg. Wir Menschen sind oft geneigt, alles mit uns selbst aus zu machen. Hilfe von außen? Wir brauchen diese doch nicht!

Ich kann mich noch sehr gut an meine Kindheit erinnern. Ich war wohl behütet in einer sehr großen Familie aufgewachsen. Na ja, dreizehn Geschwister, da kann man nicht glauben, dass man sich da ab und zu einsam fühlt in so einer großen Familie. Und doch kam es vor, dass ich mich manchmal alleine und hilflos fühlte.

Ich hatte da eine kleine Vase. Nur fünf oder sechs Zentimeter groß. Ich pflückte nur eine Blume und stellte sie auf meinen Nachttisch, den ich immer sehr sorgfältig dekorierte. Wenn ich nicht weiter wusste, nahm ich mit dieser einfachen Geste Kontakt auf zur Mutter Gottes Maria. Ich hatte einen sehr engen Kontakt zu ihr. Auch wenn ich Fragen hatte, wandte ich mich an sie. Es tat mir sehr gut zu wissen, dass da jemand ist, der mir zuhört ohne zu werten oder zu lachen. Ich trug ihr meine Sorgen vor und ich bat sie auch sehr oft um Hilfe. Und ich hatte dann das Gefühl, alles schien plötzlich leichter und wie von Geister Hand gemacht. Ich bekam Hilfe, so wie ich mir dies vorher nicht vorstellen konnte. Diese Kommunikation halte ich auch heute noch so. Wenn ich nicht mehr weiter weiß, wende ich mich vertrauensvoll an Jesus und Mutter Gottes Maria.

Es gibt viele verschiedene Möglichkeiten Hilfe zu erbitten. Mit den folgenden Meditationen haben wir eine Möglichkeit, unser Leben leichter, fröhlicher, gesünder und heiler zu erleben. Dies sind einfache und doch wirkungsvolle Übungen. So einfach wie unser Leben selbst. Sie sind eine Möglichkeit, aus dem Vollen zu schöpfen, aus dem, was das Universum für uns bereithält.

Meditationen bringen uns zu uns selbst zurück zu unserem Ursprung, unserem Innersten. Wir können lernen, unsere Gefühle zu verstärken, unsere Lebensqualität zu steigern, unsere Sichtweisen zu verändern. Wir können uns öffnen für eine Welt, die uns vorher verschlossen schien. Es sind einfache Dinge die unser Leben bereichern. Dinge die uns Tag täglich begegnen und begleiten.

Folgen wir unserer Intuition und vertrauen auf unsere Gefühle. Lassen wir uns inspirieren von der Vielfalt des Lebens.

Tun wir einfach das, was uns gut tut!

Gedanken und Gefühle bewältigen

Schlimme Situationen können große Sorgen, Ängste, Wut, Einsamkeit, Traurigkeit und Aggression auslösen. Wie können wir leichter mit diesen Empfindungen umzugehen? Es nützt uns wenig, diese zu unterdrücken. Geben wir unseren Gefühlen und Stimmungen Raum und Zeit.

Da hinter diesem Gefühl ein Bedürfnis steckt, fragen wir uns was können wir selbst dazu beitragen, um diese Bedürfnisse zu stillen?

Eine kleine Hilfe dazu könnte sein, dass wir durch Imaginationen immer wieder an schöne Dinge und Erfahrungen denken, die wir schon einmal gemacht und erlebt haben. Erinnerungen die ein gutes und wohltuendes Gefühl hervorrufen. Erlauben wir uns, in positiven Erinnerungen zu verweilen. Machen wir diese gute Erinnerung durch einen kleinen Druck an unseren Daumen oder an einem anderen Ort an unserem Körper fest. Und immer wenn wir in negative Gefühle rutschen drücken wir diese Stelle und wir werden merken, es geht uns augenblicklich besser.

Schöne Momente können wir uns gerade in schweren Zeiten selbst schaffen. Nehmen wir uns etwas Zeit mit guter Musik, mit einem guten Buch oder genießen wir ausgiebig die Natur. Schöpfen wir so wieder neue Kraft und gute Laune.

Eventuell hilft uns auch ein Gebet, um aus grübelnden Gedanken zu kommen. Kontrollieren wir selbst immer wieder unsere Gedanken. Sind es positive und zielführende Gedanken? Dann sind wir auf der sicheren Seite. Sind es negative Gedanken? Dann stoppen wir diese und holen uns bewusst wieder gute Momente in Erinnerung.

Selbsterkenntnis durch Meditation

Die Meditation ist eine sehr gute Möglichkeit zur Weiterentwicklung unserer Persönlichkeit. Dadurch gelangen wir mehr und mehr zu Selbsterkenntnis, zum Finden der inneren Wahrheit und Weisheit, zum Verstehen der sichtbaren und unsichtbaren Welt.

Wir können die Meditation, wie das Zähneputzen, in unser tägliches Leben integrieren. Es ist ein Muss für unsere Weiterentwicklung. Die Meditation befreit von negativen Gedanken und Grübeleien. Unsere Gedanken beruhigen sich in der Meditation und der Körper entspannt sich. Es geschieht von selbst, ohne unser Zutun.

Indem wir ruhig werden, können unsere Gedanken auf immer höheren und feinstofflicheren Ebenen in Kontakt kommen. Und auf jeder weiteren höheren Ebene ist die Ordnung ausgeprägter und die Energieschwingung höher. Das heißt: Nichts bleibt mehr verborgen, alles kommt ans Licht. Es ist das reine Bewusstsein.

Diese Erfahrung des Bewusstseins bringt uns in eine beschwingte und angenehme Leichtigkeit. Wir werden mit der Zeit energievoller und werden weniger Stress empfinden. Wir nehmen vielleicht eine heitere Stimmung wahr, die ein wenig an Kindlichkeit erinnert. Dies ist die Grundlage für tiefe und erfüllende Erfahrungen.

Wenn wir regelmäßig üben wird unser Energielevel höher, körperlich und psychisch. Wir sind ruhiger und entspannter, gesunden mehr und mehr an Körper, Geist und Seele. Wir werden widerstandsfähiger gegen mentalen und emotionalen Stress und unsere Beziehungen werden in eine harmonische Bahn gelenkt.

Während der Meditation und in unserem Alltag werden wir mehr und mehr der ruhige Beobachter. Unsere Wahrnehmung wird auf das Wesentliche gelenkt.

Die Kraft der inneren Bilder in der Meditation

Aus meiner jahrelangen Erfahrung als Coach in eigener Praxis, kann ich sehr viel Positives berichten. Wenn Menschen ihre Prozesse, die sie in einem Coaching anstoßen, mit einer Meditation unterstützen, gelingt die Umgestaltung ihres Lebens leichter und spielerischer. Die Veränderungsprozesse gehen tiefer ins Unterbewusstsein und bringen einen stetigen Umwandlungsprozess in Gang. Die Seele kann hier besser ihre Arbeit tun und neue Ideen und andere Sichtweisen auf eine Art und Weise integrieren, die uns schier ins Staunen versetzt.

Es werden oft ganze Lawinen ins Rollen gebracht, die uns auf angenehme und leichte Weise den Weg bahnen. Mehr Erfüllung und Leichtigkeit werden möglich.

Schon seit mehr als 2600 Jahren wird die Meditation praktiziert. Im Hinduismus wird mit dem Mantra (oder heilige Silbe) „Om" meditiert. Buddha und der darauf fußende Buddhismus haben sehr viel dazu beigetragen, dass so viele Menschen auf der Welt meditieren.

Mittlerweile ist das Meditieren nicht mehr weg zu denken. Meditation ist eine Schulung des Geistes. Meditation mit nachgewiesener Wirksamkeit als Entspannungsverfahren, wie Autogenes Training, Achtsamkeitsmeditation und Phantasiereisen wird erfolgreich eingesetzt bei körperlicher und psychischer Erkrankungen.

Für Menschen die unter starkem Stress stehen, ist Meditation eine effiziente Möglichkeit in die Ruhe zu gelangen. Wesentliche Motive zum Meditieren sind oft der Abbau von Stress und die Förderung von Gesundheit.

Meditation - Einführung

Ich lade dich ein, in eine Welt der Meditationen, in eine Welt der Phantasie. Lass dein Unterbewusstes sprudeln. Dann beginnt Heilung, es ist wie Magie.

Steige ein in einen Raum, der raumlos ist. In eine Zeit, die zeitlos ist, da wo sich Farben berühren und verändern, Töne aufflammen und vergehen.

Es ist ein Raum, der keinen Raum hat, ein Raum, der ohne Begrenzung ist, ein Raum der raumlos und offen ist. Dort, wo du am Anfang warst und wieder hinkommen wirst. Dort ist dein Lebensplan entstanden.

Viele Geschenke bekamst du von dort mit auf den Weg. Schau gut hin und nimm alles in Empfang, was für dein Leben wichtig und richtig ist.

Es sind deine Fähigkeiten und Eigenschaften, die dich dein Leben lang begleiten. Du hast Vereinbarungen getroffen. Deine Helfer wurden dir an die Seite gestellt. Du weißt jetzt, welchen Menschen du dich zugehörig fühlst.

Es sammelt sich und verschmilzt alles im übergeordneten, im höheren Selbst. Es ist alles EINS, einfach nur SEIN. Alles scheinbar unmöglich Lösbare löst sich auf im SEIN.

Du kannst dein Leben sehen, das vor dir liegt, du siehst, du hörst, du fühlst und erkennst: Dies ist dein Leben. Nun bist du am Zug, deine Vision und Aufgabe jetzt zu erfüllen. Es liegt an dir. Du entscheidest jetzt, wie.

Die Vorbereitungen wurden getroffen. Nimm alles mit und komm jetzt in dein Leben.

Vertrauen und Gelassenheit gibt unserem Leben Kraft.

Mit Hilfe dieser Meditation gewinnen wir ein Stück Vertrauen zu uns selbst zurück.

Zwänge, Vorstellungen und Wünsche begleiten unser Leben. Alles muss sich so erfüllen, wie wir uns das vorstellen. Wir kämpfen und strampeln, so als ob das Leben nur als Kampf zu erleben wäre.

Wenn wir unserer inneren Intuition vertrauen, dann werden wir erkennen, was für uns richtig und wichtig ist, egal was andere dazu sagen.

Meditation – „Die Kraft der Bäume“

Stell dir vor, du sitzt auf dem Fahrrad und radelst Richtung Wald. Die Bäume mit ihrer unendlichen Vielfalt, erscheinen besonders heute groß und mächtig. Du radelst und radelst und endlich bist du am Wald angelangt.

Ein großer dicker Baum hat deine Aufmerksamkeit auf sich gezogen. Er wirkt einladend, kraftvoll und wissend. Voller Begeisterung und Vertrauen umarmst du diesen mächtigen Baum. Es ist als ob ihr euch schon lange kennt.

Augenblicklich spürst du in dir die Kraft aufsteigen, die der Baum ausstrahlt. Deine Lebensgeister erwachen. Du hast innere Bilder, und du weißt, du kannst alles schaffen. Es sprudeln Antworten auf deine Fragen, die du vorher nie wahrgenommen hast. Bilder und neue Ideen tun sich auf.

Die Umsetzung deiner Ideen kann beginnen. Lass deiner Phantasie freien Lauf.

Körper, Geist und Seele sind eine Einheit.

Körper, Geist und Seele, gerät eines davon in Disharmonie fühlen wir uns krank und nicht mehr wohl in unserem Körper.

Der Magen drückt, die Galle spuckt, das Herz stolpert, Arme und Beine lassen sich ohne Schmerzen nicht mehr bewegen. Der Kopf dröhnt und die Verdauung streikt.

Wenn wir lernen, mit unserem Körper wieder verantwortungsvoller und bewusster umzugehen und mit Maß und Ziel unseren Körper mit Essen und Trinken zu versorgen, Essgewohnheiten, Arbeit und Freizeit wohl dosiert miteinander zu verbinden, dann kommen wir unserer Gesundheit wieder ein großes Stück näher.

Mit dieser Meditation lernen wir, unserem Geist zu folgen und Schmerzen, Krankheit und Unwohlsein auf natürliche Weise zu lindern und zu heilen.

Meditation – „Auf der Wiese“

Stell dir vor, du sitzt auf einer Wiese. Bunte Blumen soweit du blicken kannst. Ein angenehmer Duft strömt deiner Nase entgegen. Du atmest diesen Duft ganz bewusst und tief ein.

Die Schmerzen lassen augenblicklich nach, sie werden leichter. Dein Körper entspannt sich, Muskeln lockern sich.

Stelle dir vor, ein Vertrauter z.B. Jesus nimmt dich an die Hand und sucht mit dir gemeinsam Kräuter, die dir jetzt helfen wieder gesund zu werden. Vertraue deiner Intuition.

Du nimmst diese Kräuter und legst sie auf die schmerzenden Stellen. Du brühst dir mit dem Rest der Blüten einen wohlschmeckenden Tee und trinkst schluckweise davon.

Du atmest weiter den Duft der Blumen ein, dein Körper wird warm und weich. Und du merkst, die Schmerzen lassen nach und schwinden. Dein Kopf wird leicht und frei, dein Herz schlägt jetzt ruhig und gleichmäßig, Dein Körper kann sich wieder geschmeidig bewegen.

Unbeschwert wie ein Kind

Mit Hilfe dieser Meditation ist es leicht unsere Sinne neu zu entdecken. Ein kleines Kind macht dies noch unbeschwert. Es ist frei von Vorurteilen, frei von gesellschaftlichen Zwängen.

Einfach Kind sein dürfen, sowie es uns im Moment gut tut. All das tun, was wir in letzter Zeit ganz bestimmt nicht mehr getan haben. Auch wenn wir in gezählten Jahren jung sind, kommt es uns manchmal so vor als wären wir schon sehr, sehr alt.

Diese Meditation bringt uns wieder in die Leichtigkeit. Wir bekommen wieder ein Gefühl der Unbeschwertheit. Unser Herz schwingt sich langsam wieder ins Entzücken. Das Wunderbare kommt zum Vorschein.

Meditation – „Das innere Kind“

Setze oder lege dich bequem hin. Wenn du magst, kannst du jetzt schon deine Augen schließen.

Stelle dir vor, du betrittst ein Haus. Am Ende des Flures befindet sich ein Zimmer. Ein inneres Gefühl sagt dir, du bist hier richtig.

Aufgeregt aber voller Vertrauen gehst du den Flur entlang. Einen kleinen Moment hältst du inne. Dann öffnest du diese Türe. Ein kleines Kind wartet dort auf dich.

Es möchte mit dir spielen und ungeniert das machen, wonach dir gerade ist. Weinen, lachen, fröhlich sein, malen, hüpfen und springen. All das, was du schon so lange vermisst hast. Sie nimmt deine Hand und tanzt mit dir durch das Zimmer. Du spürst, wie frei, leicht und beschwingt dein Körper sich bewegt.

Und das Lachen dieses Kindes streichelt deine Seele. Die Sonne in deinem Herzen beginnt wieder zu strahlen.

Stärke deinen Körper

Mit Hilfe dieser Meditation können wir lernen, unseren Körper auf einfache Weise zu stärken und zu kräftigen. Es gibt Zeiten, in denen unser Körper Hilfe braucht.

Hektik und Stress schwächen unseren Körper. Wir fühlen uns ausgelaugt, erschöpft und leer. Gerade Menschen, die ihre Angehörigen pflegen, bleiben selbst oft auf der Strecke.

Wir dürfen auch die heilenden und helfenden Berufe nicht vergessen, auch diese Menschen sind oft am Ende ihrer Kraft.

Legen wir eine kleine Pause ein und gönnen uns ein paar Minuten der Erholung. Auftanken und ruhig und gelassen neu starten.

Meditation – „Deine innere Blume“

Stelle dir vor, du hast einen wunderschönen Garten. Viele verschiedene Blumen schmücken deinen Garten.

Doch nur eine Blume hat es dir heute besonders angetan. Heute, so scheint es dir, ist sie völlig kraftlos, die Blätter hängen schlaff nach unten, sie lässt den Kopf leicht hängen.

Du beginnst den Boden um diese Blume zu lockern. Gießt und düngst ganz vorsichtig diese Blume. Langsam richten sich die Blätter wieder auf, der Blütenkopf richtet sich wieder auf und bekommt wieder eine satte Farbe.

Die Blüte wendet sich der Sonne zu. Und du merkst, sie strahlt wieder nach außen. Du spürst sie bekommt langsam wieder Kraft und der Blütenstamm gewinnt an Stärke.

Je mehr sich diese Blume aufrichtet und je länger du ihr dabei zusiehst, merkst auch du, welches Kraftpotential in dir wächst.

Schon durch diesen kurzen Anblick gewinnst auch du wieder an Energie. Du atmest tief ein und aus und du fühlst dich wie neu geboren.

Pflege deinen Körper

Wir haben Verantwortung für unseren Körper. Wir sollten alles tun, damit es ihm gut geht. Unser Körper steht uns ein ganzes Leben lang zur Verfügung. Es liegt nun an uns, ihn gesund zu erhalten.

Manchmal dürfen wir uns körperlich durch Sport betätigen. Und nächstes Mal fordert unser Körper Aufmerksamkeit in ruhiger Weise.

Mit Hilfe dieser Meditation, können wir unserem Körper auf einfache Weise helfen, gelenkig und geschmeidig zu bleiben. Wir können Druck und Schmerzen auflösen. Wir dürfen lernen unsere Selbstheilungskräfte zu aktivieren.

Meditation – „Duftendes Öl“

Stelle dir vor, du sitzt auf einer Wiese. Ein Engel steht hinter dir und tastet deine Wirbelsäule von oben nach unten ab. Er spürt kleine Verspannungen auf.

Er berührt ganz sanft deinen Rücken, massiert ihn in kleinen kreisenden Bewegungen, Druck und Schmerzen lösen sich auf. Du kannst Erleichterung spüren, es wird immer leichter und angenehmer.

Eine kleine Kanne mit duftendem Öl verströmt angenehme Wärme. Dein Engel gießt ganz vorsichtig etwas davon auf deinen Körper und reibt ganz langsam und vorsichtig deinen Körper von oben nach unten damit ein.

Ein wunderbares, angenehmes, leicht prickelndes Gefühl strömt durch deinen Körper. Wie eine Welle, die sich in deinem Körper ausbreitet. Ein wohliges warmes angenehmes Gefühl.

Dein Engel legt seine Hände noch einmal sanft auf deinen Rücken. Spüre diese Kraft, diese Liebe und diese Geborgenheit. Dein Körper fühlt sich wieder frisch und lebendig.

Im Loslassen liegt die Freiheit

Haben wir nicht alle schon mal das Gefühl gehabt, irgendetwas passt nicht mehr? Wir sollten etwas gehen lassen, sei es einen Freund, einen Partner die Arbeitsstelle? Es ist einfach nur noch bedrückend und beklemmend.

Wir wissen selbst, wenn wir da bleiben, wird unser Körper immer kränker, Schmerzen immer stärker und unser Körper energieloser. Wir wissen es tut nicht gut, so weiter zu machen wie bisher.

Eine Veränderung ist schon lange angesagt. Denn damit geht es uns wieder besser, sei es gesundheitlich oder finanziell. Oder einfach, damit wir wieder klarer denken können.

Aber wir können uns nicht überwinden, den nächsten Schritt zu tun. Etwas gehen zu lassen, was uns krank macht und uns die Energie raubt, scheint schwer.

Diese Meditation kann uns dabei helfen, jetzt die nötigen Schritte zu tun.

Meditation – „Das kleine Äffchen“

Stelle dir vor, du gehst in den Zoo. Viele Tiere kannst du beobachten. Du kommst an einem Affengehege vorbei. Du bleibst stehen, und beobachtest sie ganz aufmerksam. Ein kleines Äffchen hat dich besonders in seinen Bann gezogen. Es spielt, turnt und tobt herum. Das Äffchen geht auf Entdeckungsreise. Es hat eine Öffnung in einem Stein entdeckt. Das Äffchen ist neugierig und steckt seine linke Hand und dann seinen ganzen Arm hinein. Es hat etwas ertastet. Er zieht seinen linken Arm wieder zurück, doch er bringt ihn nicht raus. Er hat etwas in der Hand und möchte es unbedingt haben. Er springt umher und versucht immer wieder den Arm aus der Öffnung zu ziehen. Er schreit und tobt, bringt ihn aber nicht raus. Er ist schon ganz müde von diesem Affentanz.

In der Zwischenzeit ist der Tierpfleger gekommen, es ist Fütterungszeit. Er hat frisches Obst und Bananen mitgebracht. Alle anderen Affen machen sich genüsslich über dieses Obst. Das kleine Äffchen möchte auch gerne eine Banane, doch er weiß nicht wie er daran kommen soll. Er möchte ja auch das, was da in der anderen Hand ist. Aber es hält ihn mit seiner linken Hand in der Öffnung gefangen. Eine Weile vergeht und das Äffchen wird langsam ruhiger. Da öffnet es seine Hand. Jetzt holt es sich auch eine Banane, die er genüsslich abschält und isst. Er hat es geschafft die linke Hand locker zu lassen. Dadurch ist er frei geworden und konnte sich entspannt und frei dem neuen Ziel Futter zuwenden.

Singe deine eigene Melodie

Diese Meditation hilft uns, wenn die Angst uns schier den Atem raubt. Die Gedanken sich im Kreise drehen und unser Herz wie wild in unserer Brust klopft. Wenn unser Kopf keinen klaren Gedanken mehr fassen kann und unsere Gefühle Achterbahn fahren.

Wenn unser innerer Frieden wie zerrissen ist und wir nur noch Frieden und Ruhe haben wollen. Singen, summen oder pfeifen wir unsere eigene Melodie.

Durch wundervolle Musik und harmonischen Tönen, erheben wir uns in eine höhere Schwingung der Freude. Lasst uns eintauchen in die singende Welt der Töne.

Meditation – „Die Melodie in dir“

Suche dir einen schönen und gemütlichen Platz in deiner Wohnung, deinem Haus oder auch in der freien Natur. Setzte dich bequem hin. Und wenn du möchtest, schließe dabei deine Augen.

Spüre ganz bewusst deinen Körper. Lausche den Geräuschen die du in deinem Körper vernehmen kannst. Lege deine Hand auf deinen Bauch und lasse tief in dir eine Melodie entstehen.

Die Melodie wird immer lauter und du summst, singst oder schreist sie hinaus. Gib dich ganz hin und erlaube dir und deinen Gefühlen freien Lauf.

Dein Körper wird immer freier und freier. Und dann halte inne. Deine Gedanken sammeln sich, dein Kopf wird ruhiger. Dein Herz schlägt immer ruhiger. In dir wird es immer stiller und stiller.

Lass diese Schwingung der Melodie auf deinen ganzen Körper übergehen, lass sie sich ausdehnen über alle Grenzen, lass dich erfüllen von der tiefen inneren Liebe und Einheit. Dein Prozess der Heilung beginnt.

Partnerin, Geliebte und Mutter

Tag täglich verrichten wir unsere Arbeit. Wir betreuen unsere Kinder. Wecken sie am Morgen, bringen sie zur Schule. Helfen ihnen bei den Schulaufgaben. Kochen das Essen und es steht auf dem Tisch, wenn die Kinder von der Schule kommen und der Mann von der Arbeit.

Wir sind Geliebte, Partnerin und Mutter. Wir waschen die Wäsche, halten den Haushalt in Schwung. Wir sind Arzt und Pfleger, wenn die Familie krank ist. Wir sind Berater und Schlichter bei Streitereien und versuchen, alle bei Laune zu halten.

Der Garten, ach ja, der ist ja auch noch da. Er will gehegt und gepflegt werden. Es soll ja alles gemütlich und schön sein. Da schreit das Kleinkind nach der Flasche. Und so könnten wir die Liste unendlich fortführen.

Doch wo bleiben wir in all dem Trubel? Wo tanken wir auf? Diese einfache Meditation hilft aufzutanken: Wir werden selbstbewusst indem wir unser Selbst wahrnehmen lernen.

Meditation – „Tauche ein ins Meer“

Stelle dir vor, du stehst an deinem Lieblingsstrand. Blickst aufs Meer hinaus. Blaugrünes Wasser unendlich weit. Du riechst die leicht salzige Luft, die sanft deine Haut berührt. Fühlst den Sand unter deinen Füßen.

Du streifst deine Kleidung ab und tauchst ein in das blaugrüne Meer. Delfine haben dich schon erwartet. Sie laden dich ein mit ihnen zu kommen. Du hältst dich an ihren Flossen fest und ab geht die Post. Vergnügt und ausgelassen spielst du mit ihnen wie ein Kind. Tauchst ein ins tiefe Meer und tauchst auf wenn es dir gefällt.

Der Glanz in deinen Augen kehrt zurück, deine Haut wird wieder seidig und glatt. Risse und Narben verschwinden. Du spürst, wie die Kraft in deinen Körper zurückkehrt und wächst. Dein Körper wird geschmeidig und biegsam. Alle Last trägt das Meer mit sich fort.

Nur du entscheidest, wann du zurück kehrst ans Ufer und gestärkt und voller Vertrauen dich wieder ins Getümmel des Lebens begibst. Von nun an entscheidest du selbst, wann du ins Meer eintauchst. Denn dort bist du getragen von Liebe und Erfüllung. Gestärkt tauchst du wieder auf.

Reinigung unseres Körpers

Wenden wir unsere Aufmerksamkeit auf die Reinigung unseres Körpers. Menschen sind oft sehr mit ihrem Aussehen beschäftigt. Gutes Aussehen hat Priorität.

Die Industrie hat sich hier sehr vieles einfallen lassen, um uns dabei zu unterstützen. Sei es mit Cremes, Lotion, Gesichtswasser, Duftbäder, Peeling, Düfte, Farbstifte und vieles mehr. Das äußere Erscheinungsbild bekommt die ganze Zuwendung.

Doch auch unsere inneren Organe wollen Aufmerksamkeit. Sie leisten für uns Tag und Nacht Schwerstarbeit. Wir können sie dabei unterstützen, damit sie ihre Arbeit leichter und angenehmer vollbringen können. Denn fällt ein Organ aus, oder fährt nur mit halber Kraft, dann nutzt uns die ganze äußere Schönheit nichts.

Mit dieser einfachen Meditation lösen wir Verklebungen, Verdickungen, Entzündungen, Ablagerungen, wir spüren Risse und Narben auf, versorgen und heilen Organe.

Meditation – „Das goldene Bürstchen“

Schließe deine Augen und stelle dir vor, du kannst in deinen Körper blicken. Organe und Venen, Muskeln und Sehnen liegen vor dir. Das goldene Licht unterstützt dich dabei. Bitte um Hilfe bei deinen Helfern. Wer sich für dich als Helfer zur Verfügung stellt weißt nur du. Das können Engel sein, das kann Mutter Gottes sein und das kann Jesus sein.

Sie bringen dir ein weiches goldenes Bürstchen. Sie zeigen dir, was in deinem Körper Unterstützung und Reinigung braucht. Du entdeckst Verdickungen oder Verletzungen. Und sie zeigen dir wenn Organe entzündet sind. Lass dich führen und benutze dann das weiche goldene Bürstchen.

Bürste diese Stellen, die du gezeigt bekommst, bis sie wieder glänzen und du das Gefühl hast jetzt ist es gut, jetzt ist es richtig.

Gehe mit deinen Gedanken weiter durch deinen gesamten Körper. Nimm dir dafür genügend Zeit.

Dein Körper fühlt sich nun wieder frisch und lebendig. Deine Organe arbeiten leicht und unbeschwert.

Seelenverbindung

Haben wir uns nicht alle schon einmal gefragt, was unsere Seele ist? Ist sie greifbar? Ist sie messbar? Was geschieht mit all unseren Erfahrungen, die wir hier in unserem Erdenleben sammeln? Werden diese alle bei oder in unserer Seele gespeichert?

Ist es unsere Seele die uns immer wieder in Situationen führt, die uns das gigantische Gefühl der Liebe erfahren und erleben lässt? Verschafft sie uns die Möglichkeit Freude, Leichtigkeit und Glück zu erleben?

Bringt sie uns mit diesen gigantischem Gefühl der Seelenverbundenheit in Berührung? Mit unseren Eltern, Geschwistern, Omas, Opas, Tanten und Onkeln.

Eine Möglichkeit sich diese tiefe Verbindung vorzustellen und zu spüren ermöglicht uns dieses innere Bild in dieser geführten Meditation.

Meditation – „Der Blick in die Tiefe“

Setze oder lege dich bequem hin. Schließe deine Augen und stelle dir vor, ein riesiger Wald mit ganz vielen Bäumen steht vor dir. Die Stämme ragen hoch hinaus und die Baumkronen sind ausladend und mächtig. Und wenn du die Bäume so betrachtest, fällt dir zunächst keine Verbindung auf, denn jeder Baum steht als Individuum für sich.

Lass langsam deinen Blick in die Tiefe gleiten und stelle dir vor, du kannst die Wurzeln jedes einzelnen Baumes erkennen. Betrachte diese sehr genau und du siehst, dass jede einzelne Wurzel mit dem Baum des Nachbarn verbunden ist. Die Wurzeln breiten sich unter der Erde ganz weit aus. Du erkennst die Verbindung zu anderen Bäumen. Sie tauschen sich auf einer anderen Ebene aus. Sie tauschen Informationen und alles Wichtige im Unterbewusstsein aus. Und so geht die Verkettung der Wurzeln weiter über Blumen, Büsche und Hecken.

Tausche nun jeden Baum mit einem Verwandten zu dir aus. Schau genau hin, welche Seelenverbindungen du erkennen kannst. Lausche und höre genau hin, ihr habt euch gewiss viel zu erzählen. Schaue genau hin, wer sich dir alles zeigt. Spüre diese gewaltige Seelenlebendigkeit. Spüre das wunderbare Gefühl der Sicherheit, der Zugehörigkeit und der Verbundenheit. Spüre die Verbundenheit über deine Wurzeln und über dein Herz. Spüre die tiefe Liebe!

Überdreht im Getümmel des Alltags

Haben wir Menschen nicht alle schon mal erlebt, dass Hektik und Stress uns den Atem rauben? Wir bürden uns oft eine große Last auf, die uns schier zu erdrücken droht. Angst und Unruhe bestimmen unser Leben. Wir müssen immer noch mehr schaffen.

Doch unser Akku pfeift schon aus den letzten Löchern. Er schnauft und hustet, grölt und dröhnt und wir überhören ihn im Getümmel des Alltags. Herzklopfen und ein schlechtes Gewissen rauben uns den nötigen Schlaf. Schlafen und Ausruhen, dazu sind wir schon nicht mehr fähig. Wir sind einfach schon überdreht. Medikamente, Schlafmittel und Beruhigungsmittel oder Alkohol sind hier fehl am Platz. Unseren Geist und unseren Körper wieder in die nötige Ruhe bringen, muss jetzt erst wieder gelernt werden.

Mit dieser Meditation können wir uns Erholung schaffen. Durch Ruhe und Gelassenheit wieder in unsere Kraft kommen. Dann können wir Tagesarbeiten und Verpflichtungen leichter und gelöster erledigen.

Meditation – „Wunderland“

Begib dich an einen schönen Platz in deiner Wohnung. Du kannst mit Kristallen, Tüchern, Kissen und Düften diesen Platz noch angenehmer gestalten. Lass deiner Fantasie freien Lauf. Lass dich leiten von deiner Intuition. Setze oder lege dich bequem hin. Konzentriere dich ganz bewusst auf deinen Atem. Stelle dir vor, wie dein Atem ein und ausströmt. Der Brustkorb hebt und senkt sich. Du bist ganz bei dir. Und du merkst, dein Körper entspannt sich mehr und mehr mit jedem Atemzug. Und du sitzt oder liegst ruhig und entspannt, tiefe Ruhe erfüllt dich. Stelle dir vor, du bist auf einer grünen Wiese und siehst vor dir ein großes Tor. Über diesem Tor hängt ein großes Schild: „Wunderland“. Du öffnest dieses Tor und eine herrliche Landschaft breitet sich vor dir aus, Wiesen, Wälder, Flüsse und Seen...Und du läufst in diese Landschaft und suchst dir den schönsten Platz aus. Dort machst du es dir gemütlich, genießt die Ruhe um dich herum und bist ganz ruhig und entspannt. Falls du irgendetwas verändern möchtest, hast du einen Zauberstab. Du brauchst mit diesem Zauberstab nur leicht antippen und Berge, Wälder oder ein dröhnendes Geräusch verschwinden sofort. Du kannst dein Wunderland solange verändern, bis du sagen kannst:

Jetzt ist alles richtig! Jetzt spüre ich Ruhe!
Jetzt ist hier Ruhe und Frieden!

Freiheit beginnt im Kopf

Freiheit beginnt in unserem Kopf. Alte Überzeugungen hindern uns, neue Erfahrungen in unserem Leben zu machen. Sei es eine Partnerschaft die schon lange nicht mehr funktioniert. Sei es die Arbeitsstelle, bei der wir uns schon lange nicht mehr wohl fühlen.

Wir verweilen oft aus Bequemlichkeit zu lange und das Universum hält schon etwas Passenderes für uns bereit. Doch unsere Gedanken und unser „Sturkopf" halten uns zurück.

Jetzt wird es Zeit den Kopf wieder frei zu bekommen und alte Überzeugungen über Bord zu werfen. Überdenke deine alten Regeln neu und finde vielleicht passendere. Wir haben zu Jederzeit die Möglichkeit unsere Gedanken frei zu wählen. Alles geschieht freiwillig.

Meditation – „Ein frischer Wind“

Lege oder setze dich bequem hin. Spüre ganz bewusst deinen Kopf. Du hast Mühe ihn zu heben und zu drehen. Was ist da nur alles reingestopft.

Stelle dir vor, in deinem Kopf gibt es Fenster und Türen. Öffne langsam alle Fenster und Türen. Nimm dir Zeit dies bewusst zu tun.

Ein weicher frischer Wind bläst durch alle Fenster und Türen. Er fegt alles raus, was überholt und verbraucht ist. Was schwer und belastend ist. Ganz sanft und doch bestimmt fegt er in alle Ecken. Es bleibt nur das, was noch bleiben muss.

In deinem Kopf ist nun wieder Platz für etwas Neues. Raum und Platz für etwas ganz Neues. Der Wind bläst weiter, das tut richtig gut. Du spürst wie er sanft und doch bestimmt alles mit sich nimmt.

Jetzt kannst du deinen Kopf wieder heben und in alle Richtungen drehen.

Süße Früchte des Lebens

Diese Meditation hilft uns Mut aufzubauen. Wir lernen dabei unsere Bemühungen besser zu würdigen. Wir lernen unsere Fähigkeiten zu entfalten und richtig einzusetzen.

Wir finden was wir brauchen und können unsere Gegenwart und unsere Zukunft leichter und beschwingter meistern.

Mit Kreativität und klarem Geist ist jede Herausforderung leichter zu bewältigen. Motivation und Durchhaltevermögen helfen uns bei der Umsetzung guter Ideen. Wir können kompetent, stark und selbstbewusst unsere Persönlichkeit zur Geltung bringen.

Lassen wir uns überraschen, welche gigantischen Ressourcen in uns stecken. Sie warten darauf entdeckt zu werden.

Meditation – „Entdecke deine Talente“

Stelle dir vor, du bist ein Baum. Du riechst wie du duftest. Du schmeckst den Lebenssaft, den du in dir trägst. Allmählich beginnst du den Saft in dir zu spüren. Er gibt dir Leben und du fühlst die Kraft und Stärke. Dein Lebenssaft fließt in jede Zelle deines Körpers. Du bemerkst das angenehme Kribbeln und Fließen in deinen Adern.

Über deine Wurzeln bist du verbunden mit der Mutter Erde. Sie gibt dir Halt und Kraft, sie gibt dir Nahrung und Vertrauen. Deine Wurzeln lassen dich Standfestigkeit spüren. Leben steigt in dir hoch, über den Stamm über die Äste und Zweige. Deine Blätter stehen im satten Grün und wiegen sich im Wind. Es entstehen Knospen. Sie entfalten sich zur Blüte. Und du kannst es spüren: Alles in dir ist erwacht! Jede Blüte reift nun heran zur Frucht.

Es sind deine Früchte die du jetzt ernten darfst. Sie schmecken köstlich und süß. In jeder Frucht stecken Talente, die in dir schlummern und die du jetzt zum Leben erweckst. Eigenschaften wie Kraft und Stärke, Vertrauen und Geduld, Durchhaltevermögen und Leichtigkeit, Kreativität und gute Ideen. Sammle sie alle ein und integriere sie in dir. Es ist alles da was du brauchst, nimm es auf deine eigene Weise mit in dein Leben. Gestärkt und voller Vertrauen gehst du nun an deine Aufgaben.

Partnerschaft

Das größte und wohl schwierigste Thema für unsere Weiterentwicklung, ist wohl das Thema Partnerschaft. Wünschen wir uns nicht alle eine glückliche und liebevolle Partnerschaft? Haben wir nicht alle den Wunsch geliebt, anerkannt, wertgeschätzt, respektiert und angenommen zu werden, so wie wir eben sind? Sehnt sich unser Herz nicht auch nach der großen Liebe? Haben wir nicht auch den Wunsch, mit diesem einen Partner all das zu teilen: Unsere Interessen, alles was uns Freude bereitet. Auf unserer spirituellen Reise mit ihm zu wachsen und uns weiter zu entwickeln hin zum Licht, hin zum Guten.

Diese Meditation kann hilfreich sein, zu erkennen, nach welchem Muster wir unsere Partnerschaft leben. Partnerschaft heißt, sich komplett auf den Partner und sich selbst einlassen. Was könnten wir denn verlieren, wenn wir uns einlassen? Was lässt uns zögern? Was hält uns zurück? Und was bekommen wir dadurch? Was verändert sich für uns?

Meditation – „Frei für eine Partnerschaft“

Setze dich bequem hin. Horche ganz tief in dich hinein und spüre das sanfte Fließen deines Atems. Spürst du das Gewicht deines Körpers?

Du nimmst dich als wertvollen Menschen wahr. Deine ganze Aufmerksamkeit richtet sich auf dein Inneres. Und du sinkst immer tiefer und tiefer. Mit jedem Einatmen wirst du immer freier und leichter. Mit jedem Ausatmen sinkst du immer tiefer und tiefer in deine innere Ruhe.

Und du spürst, die Wärme breitet sich mehr und mehr aus, über deine Brust, hinunter zum Bauch und Becken, über deine Beine und zu den Füßen. Du bist ganz bei dir. Du bist mit deiner inneren Aufmerksamkeit ganz bei dir.

Und wenn du magst, dann bitte deine Eltern sich zu zeigen. Vielleicht zeigen sich deine Eltern als Elternpaar, vielleicht zeigen sich deine Eltern als Liebespaar. Lass die Bilder einfach auftauchen. Nimm sie ganz bewusst wahr. So, wie sie sich zeigen. Nimm diese Bilder ganz bewusst auf. Nimm sie als Elternpaar wahr. Und nimm sie als Liebespaar wahr. Vielleicht aber zeigt sich kein Liebespaar. Dann lass die Bilder kommen, die jetzt auftauchen wollen. Du erkennst deinen Vater und erkennst deine Mutter. Vielleicht siehst du es jetzt, sie passen wirklich nicht zusammen. Jeder geht seinen eigenen Weg. Keiner von den Beiden sieht wirklich den anderen.

Und dann gehe in deiner Vorstellung weiter und stelle dir vor, dass dein Vater und deine Mutter jeweils einen neuen Partner finden, einen Partner der zu ihnen passt. Nimm ganz bewusst dieses innere Bild in dich auf. Spüre und fühle diese Erleichterung. Spüre und fühle wie frei es sich anfühlt. Vielleicht kannst du jetzt schon spüren, du bist frei von der Bindung zu deinen Eltern. Du bist jetzt frei für eine Beziehung, für eine Partnerschaft, so wie du sie dir vorstellst.

Dann gehe mit deiner Aufmerksamkeit weiter und stelle dir vor, du bist auf einer kleinen einsamen und sehr schönen Insel. Ganz allein. Endlich, keiner will was von dir, keiner braucht was von dir, du fühlst dich einfach frei und erleichtert.

Nach einer Weile spürst du, du bist einsam. Du sehnst dich nach einem Menschen, Du sehnst dich nach einer Begegnung, Du sehnst dich nach einem Partner.

Was bedeutet, Partnerschaft wirklich für dich? Welchen Wert hat eine Partnerschaft für dich? Und was wäre untragbar in einer Partnerschaft für dich?

Lass alle Bilder jetzt kommen, die auftauchen wollen. Gib dir genügend Zeit. Lass es geschehen, das was jetzt geschehen möchte. Schau es dir in allen Einzelheiten an. Nimm die Bilder ganz bewusst in dir auf. Nimm die Bilder in deiner eigenen Art und Weise, in dich auf.

Und dann komm in deiner eigenen Geschwindigkeit wieder in den Raum zurück, indem du dich befindest. Recke und strecke dich und öffne deine Augen.

Partnerschaft ist ein Geschenk

Für mich ist eine Partnerschaft von unschätzbarem Wert. Es ist für mich ein großes Geschenk, an mich selbst. Wenn ich mich wirklich darauf einlasse, ist es für mich eine Bereicherung auf allen Ebenen.

Ich lache sehr gerne mit meinem Partner. Ich führe mit Freude tiefgründige Gespräche. Und dabei müssen wir nicht die gleiche Meinung haben. Das macht das Leben so spannend. Jeder sieht die Welt aus einem anderen Blickwinkel und das ist doch das Faszinierende daran. Genau daraus, kann sich Neues entwickeln.

Was für ein gigantisches Gefühl: Ich darf in meiner Partnerschaft sein, so wie ich bin und ich werde verstanden. Und ich habe gelernt, in meinem Partner zu erkennen, das was ihn wirklich ausmacht. In seiner Güte, in seiner Herzlichkeit, in seinem liebevollem Dasein, in seiner Gesamtheit.

Ich lebe und genieße die schönen Momente, die das Leben uns schenkt. Es ist so schön, wenn sich die Welt, für kleine Augenblicke nur um mich und meinen Partner dreht☺!

Gedanken-Kontrolle

Zuweilen mögen wir glauben unsere Gedanken wählen uns aus. Aber dem ist nicht so. In jeder Sekunde wählen wir unsere Gedanken aus. Gut ist es zu lernen, unsere Gedanken zu kontrollieren. Alles was wir denken, was wir ersinnen wird wahr. Das, was wir sind, ist aus unseren Gedanken entstanden.

Sie mögen jetzt denken: das kann ich nicht glauben! Vor ein paar Jahren konnte ich dies auch nicht glauben. Ich hatte genau das, was ich nicht wollte. Ich bin stecken geblieben in dem, was ich bejammerte und bedauerte. Anstatt mich aus dieser Falle zu befreien und mir das zu kreieren, was ich wirklich haben wollte. Ich begriff erst nach und nach, dass es in meiner Hand liegt, das zu erhalten, was ich mir wünsche. So zu sein, wie ich es mir vorstelle, damit ich das haben kann, was ich mir wünsche.

Um über unsere Gedanken die Kontrolle zu erhalten, müssen wir unser Vorstellungsvermögen einsetzen, denn dies bestimmt unser Leben. Alle Erfahrungen, die wir im Leben machen, sind gespeichert und kommen in geeigneten Momenten wieder zum Vorschein. Egal, ob es negative oder positive Erfahrungen sind. Wäre es nicht toll, wenn wir selbst bestimmen könnten, welche Erfahrungen wir abspeichern möchten? Wer wir wirklich sein wollen? Was wir wirklich tun wollen? Wie wir wirklich leben wollen? Zuallererst beschäftigen wir uns damit, was wir den ganzen Tag denken. Und dann, wer oder was wir in diesem Moment sind. Was ist aus all unseren Gedanken entstanden? Wer sind wir geworden? Wenn wir uns gut dabei fühlen, haben wir alles richtig gemacht. Wenn wir uns weniger gut dabei fühlen, dürfen wir alles überdenken.

Meditation – „Ruhe kehrt ein“

Setze oder lege dich bequem hin und schließe deine Augen. Lenke deine Aufmerksamkeit auf deine Gedanken. Und beobachte wie sie kommen und gehen, ohne zu werten.

Nur beobachten. Lasse sie weiter ziehen. Nach einer Weile wird es ruhiger. Du darfst natürlich alle Sinne mit einbeziehen. Alle Sinne heißt: „Wie sieht der nächste Gedanke aus? Oder wie hört sich der nächste Gedanke an? Oder wie riecht der nächste Gedanke? Wie schmeckt der nächste Gedanke?“ Wichtig ist, du bleibst aufmerksam dabei, damit sich diese innere Ruhe einstellen kann.

Wenn du das geschafft hast, dass deine Gedanken ruhiger werden, dann kannst du die Ideen, die Einfälle, die Botschaften aus der feinstofflichen Ebene wahrnehmen. Dies geschieht auf deine eigene Art und Weise.

Dein innerer Frieden

Wenn Neid, Hass und Zwietracht unser Leben bestimmen, wird uns diese Meditation hilfreich sein.

Um tiefe Wunden, die wir oftmals in unserem Leben in verschiedenen Situationen davon getragen haben zu heilen, bedarf es mehr als nur Zeit.

Bitterkeit, Wut, Scham und Verletzungen verlieren erst ihre Kraft und Stärke, wenn wir eine Möglichkeit haben, sie in Liebe aufzulösen.

Liebe ist der größte Heiler unserer Wunden. Wir brauchen auf Nichts und Niemanden neidisch zu sein. Alles was wir uns erschaffen und kreieren ist aus uns selbst entstanden. Jeder hat die Möglichkeit, sich sein Leben so zu gestalten wie er es gerne haben möchte.

Meditation – „Schließe Frieden“

Stelle dir vor, Jesus steht vor dir, er nimmt deine Hände und du kniest vor ihm nieder. Er legt seine Hände ganz sanft auf deinen Kopf. Er öffnet dein Scheitel Chakra und lässt heilende Energie in dich fließen. Spüre wie sanft es dich berührt. Jesus öffnet dein Herz Chakra, lässt Balsam in dein Herz fließen. Es kehrt Ruhe und Frieden bei dir ein. Du legst dich auf den Boden.

Jesus breitet seine Hände über dich aus und Goldenes Licht hüllt dich ein. Du kannst die Wärme, Geborgenheit und Kraft in dir spüren.

Alle Erzengel, ob Metatron, Raphael, Gabriel, Zadkiel, Chamuel, Jophiel, Uriel und Michael, bilden einen Kreis um dich. Franziskus tritt zu dir, gibt dir eine weiße Taube in die Hand und sagt: „Schließe Frieden mit dir und deinen Mitmenschen“. Du setzt dich auf, die Taube setzt sich auf deine linke Schulter, sie wird dir den Frieden immer spüren lassen. Jesus legt dir einen weißen Mantel um und gibt dir einen Stab in die rechte Hand.

Alle Menschen, mit denen du Frieden schließen möchtest kommen zu dir. Sie sind eingehüllt in weißes Licht. Jesus segnet alle Menschen und öffnet ihre Herzen.

Geben und Nehmen lernen

Alles im Leben erfordert einen Ausgleich. Geben wir auf der einen Seite, müssen wir auf der anderen nehmen. Alle Energie strebt immer hin zur Mitte. Wie die Waagschale: Wenn ich etwas nehme, muss ich auch wieder etwas dazu fügen. Die Mitte fühlt sich leicht an und ist stabil und ausgewogen. So hält die Waage die Balance.

Was verstehen wir unter geben? Geben bedeutet Senden, Spenden, Reichen, Erteilen, Bewilligen, Bezahlen, Ausgeben, Opfern, Abgeben. Was bedeutet das Geben in einer Beziehung? Wenn ich mich aufopfere ist es nur ein praktisches Geben. Es entsteht ein Drama. Wo kennen wir dieses Drama? Geben wir von Herzen, oder geben wir nur mit einer Erwartung verknüpft? Opfern wir uns auf wenn wir geben? Wenn wir ein Problem haben, weigern wir uns, uns das zu geben was wir brauchen?

Was verstehen wir unter nehmen? Nehmen bedeutet empfangen, bekommen, aufnehmen, erhalten, annehmen, registrieren, gewinnen, aufgreifen und abnehmen. Empfangen bedeutet: ich bin völlig leer, bin auf Empfang gestellt (Ich muss es nicht unbedingt haben). Der Herr weiß, was ich in diesem Augenblick brauche. Und er wird es mir zur rechten Zeit schicken. Alle meine Bedürfnisse werden erfüllt. Ich öffne meine Hände wie eine Schale. Dadurch kann dort etwas ohne Druck oder Gewalt hereingelegt werden.

Diese Meditation lässt uns erkennen, wo das Geben und Nehmen in die falsche Richtung läuft.

Meditation – „Ändere deine Haltung“

Schließe die Augen und lass dich einfach führen. Mach dich innerlich leer und gehe in eine dankbare Haltung dem anderen gegenüber. Stelle dir eine Person vor, mit der das Geben und Nehmen in eine falsche Richtung läuft. Vielleicht tauchen Bilder von Personen vor deinem inneren Auge auf, an die du deine Erwartungen richtest. Oder bei denen du in eine Opferrolle gehst und immer gibst, ohne dabei dein Herz zu öffnen. Du gibst weil das so erwartet wird. Lass dabei die Gefühle hoch kommen, die damit verbunden sind. Spüre diese Gefühle oder höre, rieche oder schmecke was in dieser Situation geschieht. Es wird dir bewusst, was dieses Geben und Nehmen mit dir macht...

Und dann änderst du deine Haltung. Du verneigst dich vor dieser Person. Du nimmst deine Hände hoch, mit den Handflächen nach oben, öffnest deine Hände ganz weit. Und du spürst die Liebe, die durch dich fließt. Die Liebe, die nicht fordernd ist. Eine Liebe die dein Herz öffnet und all das willkommen heißt, was das Leben dir in diesem Moment schenkt, was es für dich bereithält. Die Liebe lässt all das zu dir kommen, was dich im Leben bestärkt. Es lässt die Dankbarkeit in diesem Augenblick erfahren. Du weißt jetzt, das Leben meint es gut mit dir. Es steht alles für dich bereit. Öffne dich all dem...Und du änderst deine Haltung beim Geben. Du spürst, du gibst von Herzen, ohne etwas zurück zu fordern. Einfach so. Ohne Bedingung, einfach so. Ohne, dass du dir auf deine Liste Pluspunkte schreibst, einfach so, gibst von Herzen. Du gibst all das, was der andere jetzt in diesem Augenblick von dir braucht. Ein offenes Ohr, eine liebevolle Umarmung, ein wohlwollendes Wort, ein gemeinsames Tun mit deinem ganzen Herzen. Du bist mit deiner ganzen Seele dabei.

Du gehst mit deiner Aufmerksamkeit in dein Innerstes. Lass dich in dein Innerstes führen. An die Stelle, an der dieses Fordern, dieses kalte Geben entstanden ist. Es kann ein Raum in deinem tiefsten Innern sein, den du kennst. Vielleicht sind hier Farben, oder Töne, oder ein Geruch, oder ein Geschmack der dich anzieht. Nur du weißt, wie es sich anfühlt und was sich zeigt.

Setze oder knie dich auf den Boden deines Inneren. Stelle dir vor, wie dich ein Baumkreis umgibt. Große und kleine Bäume säumen diesen Kreis. Nun stehst du auf und stellst dir vor, jeder einzelne Baum ist eine Person, bei der du vielleicht einen inneren Druck verspürst. Du gehst zu jeder Person einzeln hin und verneigst dich vor ihr. Hebst deine Hände mit den Handflächen nach oben. Lass deine Herzensenergie fließen. Spüre, was sich bei dir verändert... Gehe weiter zur nächsten Person...bis du den Kreis beendet hast...Nun weißt du, es verändert in diesem Augenblick deine Haltung, deine Haltung zum Geben und Empfangen. Dankbarkeit erfüllt dein Herz. Einfach Dankbarkeit. Du hast dich selbst aus diesen Dramen befreit.

Nimm dir noch einen Augenblick Zeit. Spüre ganz bewusst die Veränderung in deinem Körper, in deinem Denken. Und komme langsam wieder zurück, hier in diesen Raum in dem du dich befindest. Spüre die Unterlage auf der du liegst und öffne deine Augen.

Mutter und Vater

Wie es schon in der Bibel heißt: Bibeltext: Joh. 15,1 – 8 (Luther)
Ich bin der Weinstock, ihr seid die Reben. Wer in mir bleibt und ich in ihm, der bringt viel Frucht; denn ohne mich könnt ihr nichts tun.

Was bedeutet das für uns, für mich? Die Verbindung zu unseren Wurzeln, zu unserer Familie ist der Rebstock. Verbundenheit, Geborgenheit, Getragen sein.
Das heißt: Unser Vater und unsere Mutter glauben an uns, sie geben uns die Zuversicht, den Halt, die Gewissheit, das Richtige zu tun. Sie fordern und fördern uns. Unser Vater zeigt uns, wie wir aus vermeintlichen Fehlern lernen können. Er zeigt uns, dass auch darin Gutes steckt. Er macht uns Mut um Negatives zum Positiven zu wandeln und nutzbringend zu integrieren.

Die väterliche Energie ist ein wichtiger und überlebensnotwendiger Bestandteil für unser weiteres Leben. Es ist der Garant für einen guten Start ins Leben. Im Kindergarten, in der Schule, im Beruf in unserer eigenen Familie. Diese väterliche Schwingung ist der Motor zum Erfolg. Ein wichtiger Prozess die väterliche Energie sich einzuverleiben, der in keiner Kindheit fehlen darf. In manchen Familien ist diese väterliche Energie nicht präsent. Aus welchen Gründen auch immer.

In meinem Seminar „Open your Mind“ Vater Liebe - Systemisches Familienstellen, haben wir die Möglichkeit, genau mit dieser Energie wieder, oder erstmals in Berührung zu kommen. Diese kraftvolle Energie, diese Verbundenheit zu spüren, sich einzuverleiben und zu transformieren. Diese Verbundenheit ist so wichtig um Erfolg, Bestand, Vertrauen und Wertschätzung zu erlangen.

Verbundenheit macht frei. Wir könnten Schritte wagen und raus gehen in die Welt. Das tun was uns entspricht. Wir können all das erforschen, was noch in uns steckt.

Bedürftigkeit heilen mit unserer Mutter

Das Gefühl von echter Liebe, Akzeptanz und Anerkennung kann uns niemand auf der Welt geben, wenn wir es nicht selbst in uns tragen. Um aus der Falle der Bedürftigkeit herauszukommen, müssen und dürfen wir lernen, uns selbst zu lieben. Die Bedürftigkeit entsteht aus einem Mangel heraus. Es ist der Mangel an mütterlicher Zuwendung, Liebe und Geborgenheit, welcher sehr oft in der Kindheit nicht gestillt wurde. Wenn wir in unserer Bedürftigkeit glauben, dass wir mit der Kraft eines Problems, ein ungestilltes Bedürfnis auffüllen können, dann bedarf es einer Lösung durch Nachnähren dieses Bedürfnisses.

Bedürftigkeit ist ein Abgespalten-Sein von uns selbst und unseren Gefühlen. Einerseits möchten wir unabhängig sein und andererseits leben wir in der Bedürftigkeit. Wir tun alles dafür, damit uns unsere Mitmenschen und Partner das geben, was wir uns nicht selbst geben können. Und das ist Liebe und Anerkennung. Es entsteht eine Abhängigkeit, eine Bedürftigkeit nach Liebe und Anerkennung. Eine Abhängigkeit vom Partner und von den Mitmenschen.

Diese Meditation kann uns dabei helfen die Liebe unserer Mutter zu spüren und dadurch können wir uns selbst aus unserer Bedürftigkeit befreien.

Meditation – „Die Liebe deiner Mutter“

Lege oder setze dich einfach bequem hin. Wenn du magst, kannst du jetzt schon deine Augen schließen. Lasse dich einfach von deinem inneren Licht führen. Dein Inneres zeigt dir, wie du deine Heilung in Gang setzen kannst und wie du deine Heilung vertiefst. Gebe dich einfach dem hin, was sich jetzt zeigen will um deine Beziehungen und deine Bedürftigkeit zu heilen. Wir gehen zurück zum Ursprung, zur Urmutter. Sie ist immer da. Sie war immer da. Egal wie sie sich jetzt zeigen will, sei einfach bereit. Spüre ganz bewusst dem nach, was in deinem Körper jetzt auftaucht, vernimm diese wunderbaren Gefühle eine Zeit lang, tauche ein. Vielleicht ist da auch ein Geschmack, ein Geruch. Vielleicht tauchen Bilder auf, vielleicht tauchen Töne auf. Lausche dem nach was ist. Das Licht, die Liebe deiner Mutter, die immer da war und immer da sein wird. Und dann lass dich noch etwas tiefer fallen, tiefer in das was aufgetaucht ist, dass dir deine Urmutter in diesem Moment sendet. Schaue, höre, spüre, schmecke und rieche auch hier und nimm es ganz bewusst in Empfang. Nimm es bewusst in deinen Körper und in dein Bewusstsein auf. Vielleicht fließt es in Wellen zu dir, vielleicht stoßartig, in jede Zelle deines Körpers. Vielleicht fühlt es sich jetzt schon so selbstverständlich an, so vertraut. Es fließt in deiner einzigartigen Weise in jede Zelle deines Körpers, umhüllt und empfängt dich mit immer währender bedingungsloser Liebe und Wärme.

Eine Liebe die einzigartig ist, eine Liebe, die du schon kennst, die sich ganz vertraut anfühlt. Eine Liebe die dich umsorgt, die dich annimmt so wie du bist. Dich so sein lässt, in deiner Einzigartigkeit, in deiner Anmut, in deiner Göttlichkeit, in deiner Wärme, in deiner Güte. Eine Liebe die erfüllend und gütig ist.

Eins sein mit dir und deiner Kraft, in deiner Urkraft, die Quelle allen Seins. Verweile hier noch eine kleine Weile. Und dann, begib dich wieder mit dieser Einzigartigkeit zurück, mit der Gewissheit, dass alles zur rechten Zeit in dein Bewusstsein kommt und alles HEILUNG FINDET IN DEINEM SEIN.

Verbundenheit mit unserem Vater

Alleine sind wir schwach. Unsere Familie als Verbund im Rücken zu haben ist die absolute Stärkung. Ohne Schaden zu nehmen können wir in die Welt hinausgehen, wenn wir das Gefühl der tiefen Verbundenheit mit unserer Familie, mit unseren Eltern in uns tragen. In Liebe verbunden sein bedeutet, sich gehört, gesehen und angenommen fühlen, so wie wir wirklich sind. In Dankbarkeit das annehmen und in uns tragen, was uns unsere Eltern mit auf den Weg gegeben haben. Das tiefe Gefühl der Verbundenheit. Die Gewissheit, wir sind richtig, so wie wir sind und mit dem was wir tun. Sich getrennt zu fühlen hingegen ist schmerzhaft. In der Arbeitswelt ist es oft nicht so leicht, eine Verbundenheit herzustellen. Verbundenheit ist etwas sehr machtvolles. Wichtig für uns alle ist, die Fähigkeit zu erlernen, verbunden zu bleiben, wenn es schwierig wird und Anfechtungen von außen kommen. Im Verbund kann uns nichts geschehen. Das spüren auch die anderen im Außen. Sie werden versuchen, den einen oder anderen auf ihre Seite zu ziehen. Doch das gelingt in einer absoluten Verbundenheit nicht.

Meditation – „Die Kraft deines Vaters“

Setze oder lege dich bequem hin. Spüre ganz bewusst die Unterlage auf der du liegst oder sitzt. Komme ganz bei dir an. Spüre deinen Körper von den Füßen angefangen, über die Waden, die Oberschenkel, dem Gesäß, dem Rücken, die Schultern, den Nacken und deinen Kopf. Wenn du deprimiert bist und Schweres auf deiner Seele liegt und dein Herz beschwert, dann erinnere dich jetzt an deinen Vater, oder Gott Vater, als du klein warst. Stelle dir vor, wie dein Vater, dich in seine Arme nimmt und dich ganz fest an sich drückt. Er hält dich fest, egal was auch geschieht. Dein Vater, lässt dich nicht aus den Augen, um sicher zu gehen, dass es dir an nichts fehlt. Stelle dir vor, dass diese Verbindung, die zwischen euch besteht, niemals vergeht, sie bleibt für immer bestehen. Und er ist immer für dich da. Du bist ein Teil von ihm. Und du dankst Gott dafür. Stelle dir vor, wie dein Vater dich an die Hand nimmt, sich für eine Weile neben dich setzt, dich tröstet, dir Mut zuspricht und dir die Tränen trocknet. Augenblicklich kommt ein Gefühl der Erleichterung. Ein Gefühl des angenommen seins, ein Gefühl der Geborgenheit. Spüre ganz bewusst diese kraftvolle Energie, die sich in deinem ganzen Körper ausbreitet. Sie stärkt dich und vermittelt Hoffnung und Zuversicht. Dein Vater, ermutigt dich, stärkt dich so unglaublich, dass du das Gefühl bekommst, du könntest nun Berge versetzen. Dein Vater, ermutigt dich so unglaublich, dass du das Gefühl hast alle Stürme zu überwinden. Stelle dir vor, du liegst an seiner starken Schulter, spürst nochmal diese Kraft, diese Stärke und spürst wie sie dich und deinen Körper erfüllt. Wie diese Kraft, diese Stärke, dieser Glaube jede Zelle deines Körpers, jedes Organ erfüllt. Du spürst, du wächst über dich hinaus. Und mit diesem Gefühl, dem Wissen, dass du das alles immer bei dir hast, in dir trägst, kommst du wieder zurück ins Hier und Jetzt. Mit der Gewissheit, du hast all die Kraft, die Liebe in dir und die Zeit die du brauchst.

Altes Loslassen

Altes loszulassen fällt vielen Menschen gar nicht so leicht. Liebgewonnenes kann sich mit der Zeit als hinderlich und hemmend entpuppen. Sowie ein zu klein gewordener Pulli, in dem wir uns doch ab und zu gerne hineinzwängen.

Mit Hilfe dieser Meditation können wir es schaffen, Altes, Verbrauchtes und überholte Dinge loszulassen. Hinderliche Gedanken und Muster werden aufgelöst.

Wir schaffen uns Raum für neue Möglichkeiten. Dann beginnt ein neues und erfülltes Leben. Es ist wieder genug Platz für unsere Wünsche.

Meditation – „Frischer Kaffee“

Stelle dir vor, du hast eine große Tasse. Die Tasse ist noch halb voll mit braunem altem Kaffee. Er steht schon einige Zeit. Du hast Lust auf einen neuen frischen Kaffee.

Du schaltest die Kaffeemaschine an und brühst dir einen neuen und frischen duftenden Kaffee. Du gießt ihn in diese Tasse, mit diesem alten Kaffee. Probierst ihn, er schmeckt abgestanden, schal und leer. Obwohl du frischen Kaffee drauf gegossen hast.

Du brühst dir erneut einen Kaffee, doch dieses Mal machst du es anders. Du schüttest den alten kalten Kaffee aus deiner Tasse, wäschst sie aus und dann gießt du den neuen, duftenden und frischen Kaffee in die Tasse.

Jetzt kannst du ihn genießen, ihn schmecken, ihn riechen, du entspannst dich und fühlst dich wohl und zufrieden. Der Schritt zum Neuanfang ist getan.

Die Botschaften deiner Seele

Mit Hilfe dieser Meditation lernen wir das Loslassen von Zwängen. Manchmal fühlen wir uns eingeengt, wir haben keinen Platz in unserem Körper. Das Gefühl, man könnte gleich zerplatzen.

Die Seele schickt uns eine Botschaft über den Körper und über die Organe. Wer sein Herz und seinen Körper ignoriert, ihm Ruhe und Entspannung verweigert, kann keine Freude und keinen Spaß genießen.

Dann wird es Zeit, das Eigentliche und Schöne in unserem Leben wieder zu erkennen. Dann lösen wir uns von all dem was uns erdrückt.

Es wird Zeit, durchzuatmen und die eigenen Fesseln zu sprengen. Legen wir einen Moment die Arbeit aus der Hand und erheben wir uns in die Lüfte. Erleben wir ein schönes Gefühl der Leichtigkeit.

Meditation – „Leicht wie ein Schmetterling“

Schließe deine Augen und stelle dir vor, du bist ein Schmetterling. Deine Flügel sind seidig und weich. Die Flügel bewegen sich ganz locker und leicht im Wind. Ein leichtes Zittern geht durch deinen Körper.

Du bist bereit dich zu erheben und schwebst ganz leicht wie ein Schmetterling in die Lüfte. Lässt schweres zurück. Tanzt gelöst und leicht in den Strahlen der Sonne.

Andere Schmetterlinge gesellen sich dazu. Du besuchst die bunten Blumen auf der Wiese und tankst auf an ihrem Nektar. Du holst tief Luft am Rande der Seen und hältst Einkehr um Frieden zu finden.

Und jetzt, kannst du leicht und beschwingt deiner Wege weiter ziehen. Du kannst lachen wie ein Schmetterling.

Grenzen setzen

Mit dieser Meditation können wir lernen Grenzen zu setzen und unsere Wünsche und Bedürfnisse in den Vordergrund zu stellen.

Oft sind wir stark für andere und vergessen uns selbst völlig dabei. Wir sind darauf aus, ein kleines Lob zu erhaschen, und ist es noch so klein.

Unsere Seele wird traurig, weil wir den Anschluss verpasst und uns Selbst aus den Augen verloren haben. Doch es nützt keinem etwas wenn wir uns für andere aufopfern.

Jetzt ist es Zeit, unser Leben wieder in die Hand zu nehmen und den Ballast abzuschütteln und unser eigenes Ziel wieder ins Auge zu fassen und daran zu arbeiten, uns wieder zu finden. Wir setzen bewusst Grenzen für das, was nicht zu uns gehört.

Meditation – „Entleere deine Schubkarre“

Stelle dir vor, du hast einen Schubkarren. Er ist voll beladen mit riesigen Steinen. Jeder Stein ist von anderen Menschen die bei dir aufgeladen wurden. Es sind viele Steine zusammen gekommen. Dein Schubkarren ist voll davon.

Du überlegst: Wie könntest du diesen Schubkarren ans Ziel bringen? Du hebst ihn an und schiebst ihn ein Stück. Doch du kommst nicht weit damit. Er ist soooo schwer. Deine Arme pochen und schmerzen. Du setzt ihn wieder ab. Dann beginnst du den Karren abzuladen. Stein um Stein.

Auf ein Neues probierst du, wie weit du mit dem vollbepackten Karren kommst. Du bist schon ein riesiges Stück weiter gekommen. Jetzt weißt du, was zu tun ist und du lädst die restlichen Steine ab.

Ohne Kraftaufwand hebst du den Karren noch einmal an. Er ist super leicht. Jetzt kannst du ohne Mühe, mit Kraft und Power dein eigenes Ziel erreichen.

Vergangenheit, Gegenwart und Zukunft

Manchmal ist es ganz gut, wenn wir mit einem anderen Blick oder aus einer anderen Perspektive unser Leben betrachten. Dadurch bekommen wir wieder neue Ideen und können die Vergangenheit besser verstehen.

Mit Hilfe dieser Meditation können wir lernen, unser Leben neu anzugehen und Teile in unserem Leben heilen.

Wir erkennen, welche Schritte notwendig sind und was noch getan werden muss, um an unser Ziel zu kommen. Eventuell sind es kleine Schritte und wir brauchen helfende Hände, die uns begleiten. Dann ist es hilfreich, sich zu bedanken für das was ist.

Meditation – „Eine glänzende Zukunft“

Setze oder lege dich bequem hin. Wenn du möchtest, kannst du dabei deine Augen schließen. Stelle dir vor, du hättest Flügel wie ein Adler. Du hebst dich damit in die Lüfte und schwebst hoch oben über deinem Leben.

Und du kannst im Jetzt sehen, wie du da unten sitzt. Du kannst aber auch deine gesamte Vergangenheit und Zukunft sehen.

Und vielleicht bemerkst du ein sonderbares Gefühl, so losgelöst zu sein und es fühlt sich gut an über all dem zu sein. Und du siehst sehr angenehme und beglückende Erinnerungen. Du kannst sie sehen und an der Farbe erkennen.

Du schwebst hinunter in diese Erinnerung, die so gut tut. Und du bist jetzt in der Erinnerung und siehst, was hier, in der Vergangenheit, um dich herum geschieht. Du hörst die Geräusche und bemerkst einen Geschmack und bemerkst wie dein Körper sich anfühlt. Genieße es, diese Erinnerung, die jetzt passiert.

Verabschiede dich von dieser Erinnerung und löse dich aus dieser Zeit. Steige auf mit dieser Erinnerung, so dass du wieder die Vergangenheit, das Jetzt und die Zukunft sehen kannst.

Du fliegst in eine angenehme Zukunft. Auf dich wartet ein Ereignis, das du wirklich willst. Du siehst voraus, dass es jetzt geschieht. Fliege wieder hinab in dein Leben, in dieses Ereignis und nimm auch hier alles wahr.

Geh in dieses Ereignis und entdecke, wie es für dich noch angenehmer sein könnte. Da du dich in der Zukunft befindest, kannst du es so verändern, dass es noch besser wird. Nun genieße, schau, höre, rieche was passiert. Spüre dem nach, was es bedeutet, die Zukunft schon jetzt zu erleben.

Und dann blicke zurück zum heutigen Tag und sehe den Weg den du gegangen sein wirst, um hier anzukommen. Nimm alles mit, was du mitnehmen möchtest.

Dann schwebe wieder weit über dein Leben und schaue es dir noch einmal an.

Und du siehst oder hörst dein „Jetzt", schwebst hinein in das „Jetzt" und spürst den Stuhl und siehst eine glänzende Zukunft vor dir."

Spüre, wie gut es sich anfühlt, das zu haben was du brauchst. Genieße es und es ist nicht wichtig zu wissen, was du jetzt alles erreicht hast. Es wird aufbewahrt sein in deinem Unbewussten und es wird es dir, sobald du es brauchst zur Verfügung stellen. Öffne jetzt deine Augen.

Einen kleinen Stopp einlegen

Ich habe erkannt, wie wichtig es ist, einen kleinen Stopp einzulegen. Egal wo ich mich auf meiner Reise gerade befinde. Eine kleine bewusste Einkehr zu mir selbst beflügelt wieder meine Sinne und erhält mich wachsam und neugierig.

Ich nehme mir sehr oft Zeit und radle in die Natur hinaus. Ich beobachte, was mir der Herr Gott so in mein Leben schickt. Manchmal sind es Rehe, die genüsslich am Gras knabbern, manchmal sind es Vögel, die ein Liedchen trillern und um die Wette zwitschern. Auch meine beiden Katzen, die mich in meinem Leben begleiten, lassen sich dann intensiv streicheln und sitzen ganz nah bei mir.

Das Leben da draußen ist für ein paar Momente ruhig geworden. Es ist in die Ferne gerückt. Ich komme wieder ganz bei mir an. Leichter und mit freiem Kopf kann ich wieder an mein Tageswerk gehen. Ich danke Gott für neue Impulse, die er mir immer wieder gibt.

Klare Gedanken

Es gibt viele verschiedene Möglichkeiten, wieder Klarheit in unserem Leben zu bekommen. Oft sind wir in einer Situation so festgefahren und es geht keinen Schritt mehr vorwärts. Wir haben das Gefühl, dass wir uns nur noch im Kreis drehen.

Um eine festgefahrene Situation zu heilen, bedarf es einer Klärung und Klarheit in unseren Gedanken. Verwirrung und Aufregung lösen sich, wenn wir altes loslassen. Wachstum geschieht da, wo Platz für Neues ist.

Mit Hilfe dieser Meditation bekommen wir diese benötigte innere Klarheit.

Meditation – „Klares Wasser“

Stelle dir vor, Jesus kommt zu dir und hält eine Schale mit klarem Wasser in den Händen. Es ist klar und frisch. Du trinkst das Wasser und spürst das Sprudeln und die Lebendigkeit in deinem Körper.

Nimm eine Handvoll diesen klaren Wassers und betupfe damit deine Augen. Etwas Wunderbares geschieht mit deinen Augen. Und dein Geist wird klar und rein. Es öffnet dir die Augen und du siehst jetzt klarer und deutlicher. Du kannst das Wesentliche wieder wahrnehmen.

Jesus legt seine Hand auf deine Schulter und führt dich unter einen Wasserfall. Das Wasser prasselt auf deinen Körper. Altes wird fortgeschwemmt. Spüre, wie angenehm und erfrischend sich das für dich anfühlt. Dein Körper wird rein und sauber.

Dein Körper verändert sich, er pulsiert und wird leicht. Die Poren werden gereinigt, die Muskeln stärken sich. Dein Kopf hat wieder Platz für die Führung deines Geistes. Du hast nun wieder die Kraft und den Mut weiter zugehen.

Innere Verbundenheit – Partner-Übung

Diese einfache Meditation hilft uns, uns selbst und unserem Partner wieder näher zu kommen.

Partnerin, Geliebte und Mutter sein, Partner, Geliebter und Vater sein, erfordert viel Kraft, Vertrauen, Liebe, Kreativität, Geduld und Nachsicht. Um unsere Partnerschaft aufrecht und interessant zu gestalten, bedarf es Aufmerksamkeit, damit unsere Gefühle füreinander erhalten bleiben. Und nicht im Alltag sich irgendwo verlieren und zu leben wie Bruder und Schwester.

Diese Partner-Übung bringt uns wieder ein großes Stück zueinander, ein großes Stück näher an unsere Gefühle, zu unserem Partner. Wir können unsere Partnerschaft wieder neu beleben und Körper, Geist und Seele miteinander verbinden. Achten wir bei dieser Übung auf unsere Empfindungen und auf das, was sich in uns bewegt.

Meditation – „Dein inneres Licht“

Setze dich bequem im Schneidersitz deinem Partner gegenüber. Dein Partner kann mit einem Kissen etwas höher sitzen, dadurch könnt ihr euch noch näher kommen. Lege deine linke Hand aufs Herz Chakra deines Partners und umgekehrt. Dann lege deine rechte Hand auf die linke Hand deines Partners, auf dein Herz Chakra. Schließe dabei deine Augen. Du atmest Licht über das Wurzel Chakra ein. Ziehe das Licht mit deinem Atem hoch bis zum Herz Chakra, lasse es weiter fließen über deinen linken Arm zum Herzen deines Partners. Stelle dir vor, das Licht fließt vom Herzen zum Wurzel Chakra. Dabei atmest du aus und stellst eine Verbindung mit dem Licht zu deinem Partner her. Das Licht fließt weiter in das Wurzel Chakra und du ziehst das Licht wieder mit deinem Atem hoch zum Herzen zu einem Kreislauf. Wiederhole diese Übung einige Male. Nimm dir ganz viel Zeit und spüre dieses wunderbare Gefühl, das durch deinen ganzen Körper fließt. Öffne nun deine Augen und halte Blickkontakt. Spüre, welch wohliges angenehmes Gefühl dich durchflutet. Spüre, wie es dich belebt. Spüre deinen Körper, wie er durchflutet wird mit einer Welle angenehmer prickelnder Energie und wie er sich auf angenehme Weise verändert. Schließe nun wieder deine Augen und spüre nach. Lass es noch eine ganze Weile wirken. Dein Innerstes weiß, wann es genug ist.

Überwinde eine Krise oder Niederlage

Diese Meditation hilft uns, wenn alles um uns herum droht zusammen zu brechen. Wir verlieren den Arbeitsplatz, unser Partner trennt sich von uns und Freunde verlassen uns. Wir glauben, dass wir ganz alleine auf der Welt sind.

Wir haben vom Universum vieles bekommen und dürfen es eine Weile behalten. Wie lange, das wissen wir nicht. Wir glauben jemand anderes entscheidet dies für uns, es fühlt sich manchmal so an, als ob vieles was wir lieb gewonnen haben, uns wieder weggenommen wird. Das kann uns schon den Boden unter den Füßen wegreißen.

Dabei ist es jetzt wichtig, an uns selbst zu glauben. Jeder kann eine Krise und eine Niederlage überwinden. Es geht immer wieder weiter, nur anders.

Meditation – „Wie Phönix aus der Asche“

Stelle dir vor, dein Haus liegt in Schutt und Asche. Vereinzelt kannst du noch Balken und Steine erkennen. Alles ist verkohlt und nicht mehr zu gebrauchen. Du kannst es noch gar nicht fassen was geschehen ist.

Du gehst um diesen Schutthaufen und siehst es dir genau an. Dann beginnst du wie in Trance Schutt und Asche wegzuräumen. Viele Helfer kommen dazu und stehen dir zur Seite. Es ist alles kaputt gegangen, nur das Fundament ist erhalten geblieben. Diese Platte kommt jetzt wieder zum Vorschein. Das Fundament ist fest und ohne Risse, ihm ist nichts passiert.

Es kommen Bilder und Gedanken. Alles was du in diesem Haus erlebt hast, alle Erfahrungen, die du gemacht hast, Kummer, Schmerz, Schönes und Erfreuliches. Schöne und wundervolle Ereignisse haben sich in diesem Haus zugetragen. All dies ist in dieser Platte gespeichert. Nichts geht je wirklich verloren.

Du überlegst jetzt, wie könntest du dein Haus wieder aufbauen. Du setzt Stein um Stein. Du lässt dich von deiner Intuition führen und leiten. Dein Haus nimmt schon langsam Formen an. Dieses Mal wird es ganz anders, ein ganz neuer Stil und eine ganz andere Bauweise. Nichts ist so wie es mal war, nur das

Fundament bleibt. Dein Haus steht nun da, schöner als je zuvor, aufgestanden „wie Phönix aus der Asche“. Es ist wiedergeboren in einer Schönheit, wie du sie noch nicht erlebt hast.

Ich muss erst etwas loslassen, damit was Neues und Schöneres entstehen kann. Aus der altägyptischen Sagenwelt ist der Phönix als ein prächtiger Vogel bekannt, der fünfhundert Jahre lebte, bis er in dieser Flammenbrunst umkam. Doch während das Nest noch in Flammen stand, erfuhr der Phönix eine wunderbare Wandlung.

Neu geboren und schöner als je zuvor, erhob er sich aus den Flammen um weitere fünfhundert Jahre zu leben. Der rotgoldene Vogel Phönix ist das Sinnbild der Unsterblichkeit und Auferstehung! Alles was verloren geglaubt, kann im neuen Glanz erscheinen.

Die Liebe ist die größte Heilkraft

Aus eigener Erfahrung kann ich sagen: alles, was ich aus Liebe tue, wirkt sich auch auf mich positiv aus. Alles, was ich aus Eifersucht, Hass oder Wut tue, kommt in verstärkter Form wieder an mich zurück. Denn das, was ich aussende, braucht der Empfänger nicht anzunehmen. Also kommt es postwendend wieder zu mir zurück.

Ein kleines Beispiel: Wir stellen uns bildlich vor, wir senden viele schöne weiße Brieftauben mit unserer liebevollen Botschaft aus. Der Empfänger nimmt sie liebevoll an und sendet sie wieder, mit einer liebevollen Botschaft, an uns zurück. Wow danke, das ist doch ein schönes Geschenk!!! ☺

Und dann stellen wir uns vor, wir senden Pechraben aus mit einer bösen Absicht. Der Empfänger verweigert die Annahme und auch hier kommen die Pechraben wieder an uns zurück, mit der bösen Absicht. Autsch!!! ☹

Ich bemühe mich immer wieder um eine positive Haltung und positive Gedanken, mir selbst und meinen Mitmenschen gegenüber und vergewissere mich, dass ich mit meinen Aussagen und meinen Handlungen keinen Schaden anrichte.

Behalte deine Ziele und Wünsche im Auge

Es gibt Situationen in unserem Leben, indem jede Anstrengung, jedes Tun aussichtslos zu sein scheint. Alles was wir in Angriff nehmen scheitert.

Wut und Hoffnungslosigkeit sind da schnell zur Stelle. Wir wollen aufgeben. Unser Ziel scheint so weit weg gerückt zu sein, dass es für uns unerreichbar scheint. Enttäuschung und Hilflosigkeit machen sich breit.

Mit dieser Meditation können wir lernen, bei uns zu bleiben. Unsere Wünsche und Ziele im Auge zu behalten. Geduld und Nachsicht zu üben und für uns die Liebe aufzubringen, auch wenn es aussichtslos scheint.

Wir können wieder zur Ruhe kommen und dann überlegen, welche Schritte jetzt sinnvoll sind und was getan werden muss. Unsere Helfer unterstützen uns gerne dabei.

Meditation – „Das weiße Cape der Mutter Gottes“

Stelle dir vor, die Mutter Gottes tritt zu dir. Sie trägt ihr hell leuchtendes weißes Cape. Du spürst die Wärme und die Geborgenheit die von ihr ausgeht. Es zieht dich zu ihr.

Wenn du magst, sprich mit ihr. Schütte ihr dein Herz aus! Sie hat etwas Magisches, etwas Wunderbares an sich und diese Wärme, diese Geborgenheit gehen auf dich über. Spüre, fühle, höre was mit dir und deinem Körper geschieht. Du kannst spüren wie alles Schwere und Belastende nur durch ihre Anwesenheit von dir abfällt. Ängste und Sorgen lösen sich auf.

Bitte sie, dass sie für dich ihren weißen Mantel ausbreitet. Hülle dich damit ein. Genieße und spüre die Erleichterung, die Wärme, die Kraft, die Liebe, die Selbstverständlichkeit und das Vertrauen, welches dich erfüllt.

Dein Herz erstrahlt in hellem Licht. Und in diesem Augenblick weißt du, nichts geht je verloren, alles ist immer da und du bist um einige Erfahrungen reicher geworden. Bleibe in diesem Mantel solange du möchtest, bedanke dich und dann komme langsam in deiner eigenen Geschwindigkeit wieder zurück.

Raus, was nicht zu dir gehört

Mit Hilfe dieser Meditation können wir negative Energien, die sich im Laufe von Tagen, Wochen und Monaten angesammelt haben loswerden. Energien, Emotionen, Müll und Schrott alles, was mit uns schon lange nichts mehr zu tun hat.

Ideal ist diese Meditation bei abnehmendem Mond, denn die Kräfte des Mondes geben frei, was nicht mehr benötigt wird.

Es fällt uns ohne Kraftaufwand leichter Überholtes, Schmerzendes und Belastendes gehen zu lassen. So, als ob der Stöpsel von der Badewanne entfernt wird, wird alles mitgenommen was nicht mehr gebraucht wird. Wir schaffen uns neuen Freiraum und neue Möglichkeiten.

Meditation – „Raus“

Bereite dir einen Raum, indem du dich wohl fühlst mit einer Räucherung vor. Dadurch wirst du dich in eine Stimmung der Erleichterung und Loslösung bringen. Du kannst bei dieser Meditation ruhig stehen bleiben. Dadurch verleiht sie mehr Nachdruck, Bestimmtheit und Entschlossenheit. Beobachte deinen Körper, deine Aura und deine Bewegungen. Mit dem Wort „Raus“, ganz bewusst und bestimmt ausgesprochen, gibst du den Befehl, Energien, Emotionen und Ängste deinen Körper zu verlassen. Es kann eine Weile dauern, bis sich etwas bewegt. Sprich es noch mal aus „Raus“, bis sich etwas bewegt. Es kann sein, dass sich Personen zeigen, und schnell davon laufen. Es kann sein, dass du Farben erkennst, und die sich so langsam ihren Weg nach draußen suchen. Es ist ein kleines Schauspiel mit Energien, die wie wild oder auch sanft aus deinem Körper strömen. Nimm dir Zeit, bis du merkst: es verändert sich einiges in deinem Körper! Vielleicht fühlst du jetzt Leichtigkeit, ein bisschen Wehmut oder einfach eine gewisse Freiheit und Freiraum für deine eigenen Emotionen und Gefühle. Du beginnst dich langsam wieder bewusst wahr zunehmen. Ganz allmählich kommst „du“ wieder zum Vorschein. Ja, es ist dein Körper, dein Gefühl, deine Emotionen, deine eigenen Gedanken und Wünsche. Lass dir Zeit und beende ganz bewusst diese Übung. Bedanke dich bei allen!

Kraft zurückholen mit einem hellen Pfiff

Mit Hilfe dieser Meditation schaffen wir es, Energien in Bewegung zu setzen.

Mit unserem Verstand können wir uns dies kaum vorstellen. Ohne großen Aufwand können wir so bestimmte Dinge in andere Bahnen lenken. Dadurch holen wir Energien zurück, die wir verloren haben.

Manchmal haben wir den Eindruck, dass uns unsere Kraft abgezogen wird. Unser Körper wirkt krank, schmerzt und ist willenlos. Es ist kaum zu glauben, dass wir dies mit solch einer Übung in Gang setzen können.

Durchgeführt bei zunehmendem Mond entfaltet sie ihre ganze Wirkung. Wir kommen wieder in unsere eigene Kraft und Stärke.

Meditation – „Der helle Pfiff“

Setze oder lege dich bequem hin und schließe die Augen. Oder bleibe bei dieser kraftvollen Meditation stehen. Stelle dir vor, mit einem „ganz hellen Pfiff“ deine Energien heimzuholen. Du spürst, wie sich in deinem Körper plötzlich etwas bewegt, dein Körper, deine Seele öffnet sich.

Energiefetzen beginnen zu dir zurückzufliegen. Energiefetzen in bunten, kräftigen Farben. Da, es sind kleine Schneeflocken und da, Tropfen die sich auf deine Aura setzen! Dort sind Blitze und Funken. Es fühlt sich alles so vertraut an. So als ob es zu dir gehört. Es gehört zu dir. Du hast es nur irgendwann und irgendwo verloren. Gib deiner Energie Zeit, um wieder zu dir zu finden.

Pfeife ruhig noch einmal. Erneut erscheint ein wunderschönes Farbspiel. Diese Farben geben auch deinem Leben wieder mehr Farbe und Freude.

Du fängst langsam an, dich zu drehen und zu bewegen. Ein wunderbares Gefühl erfüllt dich. Heilende Energie beginnt zu fließen. Du fühlst dich rundum wohl und wieder als eine Einheit.

Anhaftungen von Fremd-Energien und Rituale

Mit Fremd-Energien haben wir öfter zu kämpfen als uns lieb ist. Bereits als kleines Kind nehmen wir von unseren Eltern Fremd-Energien auf. An jedem einzelnen Tag werden wir mit Fremd-Energien konfrontiert. Oft üben sie auf uns einen sehr starken Einfluss aus. Unser Bewusstsein vermischt sich mit dem der Fremd-Energie. Wir Menschen können sowohl Anhaftungen von Fremd-Energien von lebenden Menschen aufnehmen oder auch von Verstorbenen. Massive Anhaftungen durch Verstrickungen mit dem Verstorbenen oder mit deren Schicksal, können sich sehr nachteilig für diese Person bemerkbar machen. Je geschwächter ein Körper ist, desto mehr bietet er die Möglichkeit, den Fremd-Energien Raum zu geben. Verstorbene Seelen finden die Anbindung an den Menschen umso leichter, je mehr er von negativen Emotionen erfüllt ist. Wie z.B. von Wut, Hass, Eifersucht, Neid, Angst, Enttäuschung, Selbstmitleid und Süchten. Je stärker sich der Mensch weiterentwickelt hat und in seiner Kraft, Stärke und Wahrhaftigkeit er sich befindet, umso weniger haben diese Seelen und Fremdenergien die Möglichkeit sich anzuhaften.

Mag es ein verstorbener Partner sein, den wir noch mit unserem Selbstmitleid festhalten. Mag es ein geschiedener Partner sein, dem wir noch Vorwürfe machen und ihm noch nicht gönnen, dass es ihm auch ohne uns gut geht. Oder mögen es Menschen aus unserem Umfeld sein, die wir noch nicht wirklich losgelassen haben, weil wir noch zu enttäuscht sind.

Was können wir tun, um uns von Fremd-Energien und Anhaftungen zu lösen? Kleine Rituale und Gebete helfen uns, uns von Fremdenergien, Anhaftungen und Besetzungen zu befreien.

„Meditation und Ritual“

Stelle dir vor, du gehst in Kontakt mit den Verstorbenen, die du noch nicht ziehen lassen möchtest oder kannst. Du hast jetzt die Möglichkeit einen guten Abschied von deinen Verstorben zu nehmen. In Liebe und Dankbarkeit darfst du die Seele gehen lassen und für ein gutes Gelingen für dein eigenes Leben bitten.

Ein Satz dazu könnte sein: „Auch wenn es mir noch schwer fällt das zu glauben, aber du bist tot und ich lebe, bitte schau freundlich auf mich, wenn es mir gut geht. Ich bleibe noch eine Weile und dann komme ich auch.“

Damit ein guter Abschied bei Trennungen gelingt, könnte dieser Lösungssatz helfen: „Ich danke dir für deine Liebe. Ich habe dich auch sehr geliebt. Unsere Liebe ist ein sehr großer Schatz, den ich achte. Das Gute davon bleibt. Ich übernehme meinen Anteil an dem Scheitern unserer Beziehung und lasse dir den deinen. Ich lasse dich jetzt in Frieden ziehen und lass du mich auch in Frieden.“

Entdecke deine Hellsichtigkeit

Mit Hilfe dieser Meditation können wir üben unsere Hellsichtigkeit zu fördern. Oft stehen wir an einen Punkt, an dem wir glauben, hier geht es nicht mehr weiter.

„Sackgasse - Endstation". Mutlosigkeit und Resignation sind schnell zur Stelle. Mit Unterstützung unserer Hellsichtigkeit, lernen wir all unsere Sinne wieder zu öffnen und in die Zukunft zu sehen, Mut zu fassen, aufzustehen und weiter zu gehen.

Wir nehmen unser Leben wieder in die Hand und einiges geht viel leichter. Wir erkennen das Gute und wir lassen Überholtes hinter uns.

Meditation – „Die alte Frau“

Setze oder lege dich bequem hin und schließe deine Augen. Stelle dir vor, du bist jetzt schon eine sehr alte Frau (Mann) und du hast dein Leben schon gelebt.

Erzähle dieser alten Frau von deinen Sorgen von deinem Kummer. In welch misslicher Lage du dich befindest. Die alte Frau nimmt dich an die Hand und geht mit dir ein Stück weit in deine Vergangenheit und in deine Zukunft.

Sie lässt dich erkennen: Was du in deinem Leben gut gemacht hast und auch so bleiben darf. Sie lässt dich erkennen: Was in deinem Leben einer Verbesserung bedarf. Und sie lässt dich erkennen: Was in deinem Leben unbedingt einer Veränderung bedarf.

Du hast mit diesem Blick in die Vergangenheit und Zukunft sehr viele Erkenntnisse gewonnen. Du weißt, jede schmerzliche Erfahrung ist ein Reifeprozess für deine Seele.

Die alte Frau umarmt dich und gibt dir wieder Mut und Zuversicht. Dein Körper löst sich von all seinen Ängsten und Anspannungen, Sorgen und Ängste sind verschwunden. Du fühlst tiefe innere Ruhe und hast Vertrauen in dein Leben.

Zugehörigkeit

Vielleicht haben wir manchmal das Gefühl, dass uns die Liebe abhandengekommen ist. Die Liebe zu unseren Eltern, zu unseren Geschwistern, die Liebe zu unseren Kindern oder die Liebe zu unserem Partner. Wir sind vielleicht an einen Punkt angekommen, wo die Liebe unterbrochen wurde. Alles Geschehen stagniert und die Liebe kann nicht mehr fließen.

Dann ist es jetzt an der Zeit, sich auf den Weg zu machen und zu schauen, wo es unterbrochen wurde. Es ist an der Zeit, das anzuerkennen was ist, damit Heilungskräfte und Entwicklungsprozesse in Gang gesetzt werden. Gebundene Energien können wieder frei werden und nutzbringend eingesetzt werden.

Mit dieser Meditation werden wir wieder frei für unser Leben und die Liebe kann wieder fließen. Und wir wissen, wo wir dazu gehören. Die Ordnung der Liebe fordert und fördert unser Heil werden.

Meditation – „Deine Geburtstagsfeier“

Setze oder lege dich bequem hin. Spüre nochmals nach, ob du auch wirklich bequem liegst oder sitzt. Komme ganz bei dir an. Atme ein paar Mal tief ein und aus.

Stelle dir vor, du hast deine Geburtstagsfeier organisiert. Der Raum ist schön geschmückt und der Tisch ist feierlich und reichlich gedeckt. Es ist ein sehr großer Tisch. Es haben viele Menschen daran Platz. Du hast sehr viele Gäste geladen. Es soll deine Geburtstagsfeier sein. Du hast alle eingeladen die zu dir gehören. Ja, alle die zu dir gehören.

Stell dir vor, die Tür geht auf und deine Gäste kommen herein. Nacheinander versammeln sie sich alle. Und du stellst dir vor, dass du jeden einzelnen begrüßt, ihn in die Augen schaust und sagst: „danke, dass du da bist!“ Wenn du magst, fange bei deinen Eltern an. Spüre und erlebe, was das für ein Geschenk ist, das du dir selber machst. Erlebe und genieße dies mit allen Sinnen und in vollen Zügen.

Und wenn du so weiter in den Raum gehst erkennst du vielleicht schon, dass es da Lücken gibt. Der eine oder andere ist nicht da. Und du weißt auf einmal ganz genau, wer da fehlt. Du weißt genau, welcher Platz noch leer ist. Und du gehst weiter zur Herkunftsfamilie und schaust auch hier, wer vergessen wurde, wer ausgeschlossen wurde, wer abgewiesen wurde, wer verstorben ist.

Und du bedankst dich bei denen, die gekommen sind. Bedankst dich, dass sie zu deinem ganz persönlichen Fest gekommen sind. Und du sagst ihnen: „Du gehörst auch dazu, wir sind verbunden“.

Und du gehst noch eine Generation weiter und begrüßt auch sie und bedankst dich, dass sie gekommen sind, zu deinem Geburtstag.

Wir setzen uns gemeinsam an den reich gedeckten Tisch und lächeln uns zu. Du spürst ganz tief in dir drinnen diese Verbundenheit, diese Zugehörigkeit und du spürst diese tiefe Liebe. Sie fließt von einem zum anderen.

Und du nimmst dieses Gefühl der tiefen Verbundenheit mit dir mit und kommst langsam wieder zurück ins Hier und Jetzt. Mit der Gewissheit, dass ihr immer und überall verbunden seid.

Schlusswort

Nachdem Sie zum Ende dieses Buches angelangt sind, hoffe ich, dass ich Ihnen mit meinen Meditationen einige wertvolle Möglichkeiten an die Hand geben konnte, die Sie mehr und mehr in die Ruhe und Ihr Vertrauen bringen.

Wie alles im Leben braucht es Zeit, um das Richtige und Falsche in unserem Leben zu erkennen.

Gerade in unserer heutigen Zeit braucht es sehr viel Kraft und Stärke, damit wir unsere eigene Wahrheit leben und für unser Handeln die Verantwortung übernehmen. Nur dadurch sind und bleiben wir authentisch.

Unserer Intuition zu vertrauen, verlangt ein großes Maß an Mut und Willensstärke. So können wir die Impulse, die der Herr-Gott und unsere Seele uns schenken vernehmen und in die Tat umzusetzen. Den Sprung ins Leben zu wagen, auch wenn wir nicht wissen, was uns auf der anderen Seite erwartet.

Wir können uns nur durch die eigene innere Stärke treu bleiben. Dadurch wächst unser Selbstvertrauen und wir gewinnen immer mehr an Klarheit, an Einsicht und Weisheit.

Dann wissen wir, es ist alles richtig, so wie es ist. Das Vertrauen ist der Gewinn für unser Leben.

Vertrauen wir auf den Herrn, denn er weiß wohin der Weg auf unserer Reise geht!

Die Autorin:

Helma Kuchler arbeitet seit mehr als 20 Jahren als Coach und spirituell-psychologische Beraterin.

In ihren Seminaren, Einzelsitzungen und Workshops, gibt sie ihr Wissen und ihre Erkenntnisse an viele Menschen weiter.

Mit Verständnis, Geduld und Respekt begegnet sie jeden Menschen, der sich entschlossen hat, schrittweise sein Leben zu verändern, hin zum Guten.

Helma Kuchler ist Psychologische Beraterin, Coach und NLP-Praktitioner (DVNLP). Sie ist Trainerin in Autogenem Training und Progressive Muskelentspannung. Sowie Trainerin im Systemischen Familienstellen. In ihrer Praxis bietet sie Weiterbildung für psychologische Beratung an, sowie NLP-Seminare, Reiki-Seminare und Supervision. Des Weiteren bietet sie auch Kurse zur ganzheitlichen Entspannung für Erwachsene und Kinder an.

Zeichnung: Eugen J. Winkler

Information für den Leser

Einführungskurse und Weiterbildungen in Meditation, Lebensberatung, Reiki, NLP und Familienstellen

Informationen über Kurse und Weiterbildungen erhalten Sie auf Anfrage bei:

Helma Kuchler
Coaching im Privatbereich und Business
Reiki Meisterin und Lehrerin

Zeulenreuth 35
95469 Speichersdorf
Tel.: +49 (0) 9275 / 60 59 927 und + 49 (0) 170/48 47 661
Internet: www.coach-bayreuth.de
E-Mail: helma@reiki-kuchler.de

Helma Kuchler ist Autorin des ebenfalls bei „Der Trainer Verlag“ erschienen Buches „Open your Mind“ Öffne deinen Geist mit feinstofflicher Energiearbeit. (ISBN 978-620-0-76805-6)

„Ja, ich sage es noch einmal:

Sei mutig und entschlossen!

Lass dich nicht einschüchtern, und habe keine Angst!

Denn ich, der Herr, dein Gott, bin bei dir,

wohin du auch gehst.“ (Josua 1, Vers 9)

Printed by Books on Demand GmbH, Norderstedt / Germany